KB193755

믿음 · 희망 · 사랑

향주삼덕(向主三德)

믿음·희망·사랑

향주삼덕(向主三德)

2010년 7월 22일 1판 1쇄 발행
2010년 11월 2일 1판 7쇄 발행

글 | 차동엽

펴낸이 | 백인순
펴낸곳 | 위즈앤비즈
주소 | 서울시 마포구 합정동 364-11
전화 | 02-324-5677
출판등록 | 2005년 4월 12일 제 313-2005-000070호

ISBN 978-89-92825-50-4 03230
값 10,000원

ⓒ차동엽, 2010
· 이 책은 저작권법에 의해 한국 내에서 독점적인 권리를 갖는 저작물이므로
  무단전제와 무단복제를 금합니다.
· 잘못된 책은 바꾸어 드립니다.

믿음·희망·사랑
향주삼덕(向主三德)

차동엽 글

위즈앤비즈
Wisdom & Vision

책을 열며

두서없이 저술작업을 하던 여정이 이윽고 향주삼덕^{向主三德}에 이르렀다. 감회가 새삼스럽고 감사의 마음뿐이다.

집필을 하는 과정 내내 남녘 어느 신부님의 일갈이 귓가에 뱅뱅 돌았다.
"차 신부, 이제 글 좀 그만 써! 뭔 할 말이 그리 많아!"

아무리 자숙하려 해도 영감이 흐르고 사랑이 꿈틀거린다. 무엇을 향한, 누구를 향한 사랑인지는 모른다. 다만 연민이 북받칠 따름이다.
하여 또 책 한 권이 나왔다.

필자는 감히 저 예레미야의 넋두리를 들을 때마다 가슴이 뜀을 느낀다.
"'그분을 기억하지 않고 더 이상 그분의 이름으로 말하지 않으리라.'
작정하여도 뼛속에 가두어 둔 주님 말씀이 심장 속에서 불처럼 타오르니

제가 그것을 간직하기에 지쳐 더 이상 견뎌 내지 못하겠습니다"(예레 20,9).

이것도 소명召命이라면 소명일 터다. 책임은 훗날 하느님 앞에 설 때 질 것이다.

사랑한다. 무엇을 향한, 누구를 향한 사랑인지 모르면서, 여태 나의 사랑은 대상을 찾고 있다.

고촌 천둥성지에서

차동엽 신부

독일 민담에 '악마의 도끼 세 자루'라는 이야기 한 토막이 있다.

악마들이 모여 전략회의를 열었다.

"어떻게 하면 인간 세상을 허물어뜨릴 수 있지?"

"특수 무기를 만듭시다."

"거 좋은 생각이야! 어떤 무기를 만들면 될까?"

회의 결과 악마들은 인간을 파멸시키는 특수무기를 만들기로 합의했다. 드디어 연구진은 특수 도끼 세 자루를 완성했다. 도끼를 들어 보이며 우두머리는 만족한 표정을 지었다.

"세 개의 도끼 중 하나만 사용해도 대부분의 인간을 파멸시킬 수 있다. 세 도끼를 모두 사용하면 넘어지지 않을 인간은 하나도 없지. 낄낄."

악마들은 대만족이었다.

"좋아! 이 첫 번째 빨간 도끼로는 인간의 가슴속에 움트는 믿음을 찍어낼 수 있지."

"와우……. 짝짝짝."

"그리구, 이 두 번째 파란 도끼로는 인간의 마음속 희망을 잘라낼 수 있구 말야."

"우아…… 짝짝짝짝."

"으하하하, 이 세 번째 까만 도끼로는 인간의 마음속에서 자라고 있는 사랑의 줄기를 베어낼 수 있고."

"만세! 짝짝짝 짝짝짝."

"그럼, 그렇구 말구. 인간은 믿음과 희망과 사랑을 잃으면 금세 절망하게 되어 있지. 절망은 곧 멸망을 의미하는 것이구 말야. 멋있어. 해냈다구!"

이 민담은 진리를 담고 있다. 아니 그리스도교 신앙의 정곡을 함축하고 있다. 2000년이 넘는 그리스도교 전통을 모두 푸—욱 고아서 엑기스를 내면 그 추출물이 믿음과 희망과 사랑, 딱 세 성분이라는 얘기다. 그러니 저 '악마'는 그리스도인의 가슴에서 이 세 가지 중 하나만 제거해도 치명적일 것이요, 세 가지를 다 빼내면 곧장 파멸될 것이라며 호언하고 있는 것이다.

사도 바오로는 진즉에 이를 간파하였다.

"그러므로 이제 믿음과 희망과 사랑 이 세 가지는 계속됩니다"(1코린 13,13).

여기서 '계속된다'는 낱말은 '마지막까지 남는다'는 의미를 지닌다. 다른 것들은 다 사라져도 이 세 가지는 마지막까지 존속한다는 말이다.

종말기대가 물씬 배어 있는 '테살로니카 신자들에게 보낸 서간'에는 한 걸음 더 나아가 이 세 가지의 결정체에 대해 언급되어 있다.

"하느님 우리 아버지 앞에서 여러분의 믿음의 행위와 사랑의 노고와 우리 주 예수 그리스도에 대한 희망의 인내를 기억합니다"(1테살 1,3).

믿음의 행위, 사랑의 노고, 희망의 인내! 하나같이 그리스도인 삶의 알토란이다.

믿음의 결정체는 무엇인가? 행위다. '행위'로 열매맺지 못한 믿음은 죽은 믿음이다.

사랑의 결정체는 무엇인가? 노고다. '노고'로 이어지지 않은 사랑은 풋사랑이다.

희망의 결정체는 무엇인가? 인내다. '인내'로 드러나지 않은 희망은 거품 희망이다.

이 얼마나 간결하고 명징한 진술인가? 헤아림이 이에 이르니 절로 무릎이 쳐진다.

"이건 사람의 글이 아니다! 그대로 성령의 감도요 하늘 비밀의 계시다."

그래서인가? 장차 우리가 주님 앞에 서서 셈바침할 때 이 세 가지가 '기억' 될 것이라 했다.

신앙 선배들은 이를 '향주삼덕'向主三德 곧 '주님을 향한 세 가지 덕'이라 이름붙이고, 마침내 하나로 모아지는 그 가닥을 따라 단출하지만 본질적인 것에 올인할 줄 알았다. 하여 그 고달픈 박해 중에도 보다 순도 높은 희열을 이미 지상에서 누릴 줄 알았다.

그렇다. 향주삼덕! 이는 2000년이 넘도록 면면히 흐르는 그리스도교 역사에서, 영원永遠으로 나 있는 길을 찾는 나그네를 위한 결정적인 이정표요 푯대요 동반자였다.

이쯤에서 너무 많은 것들에 관심을 흐트러트리고 부차적인 것에 열정을 소모하기 십상인 자신의 삶을 추스르고픈 발심發心이 일지 않는가. 이에 믿음과 희망과 사랑, 이들 하나하나의 알속과 됨됨이를 살펴보며, 정작 긴요한 몫에 골몰할 수 있도록 채비를 차려볼 요량이다.

여기서 잠깐 짚고 넘어갈 것이 있다. 바로 향주삼덕向主三德과 복음삼덕福音三德의 관계에 대한 물음이다. 그리스도교에서는 전통적으로 '향주삼덕' 외에도 '복음삼덕'을 중히 여겨왔다. 복음삼덕이란 '복음서에 드러난 으뜸 덕으로서 예수님께서 몸소 보여주신 세 가지'를 두고 쓰는 말인데, '청빈', '순명', '정결'이 이에 해당한다. 흔히 이는 수도자들 및 사제들에게 요구되는 덕으로 알려져 있다. 하여 '복음삼덕'이 뭐냐고 신자들에게 물으면, 아예 모르거나 알더라도 자신들과는 전혀 상관없다는 반응을 보이는 것이 다반사다.

"아, 그건 수도자들이나 지키는 거 아녜요? 청빈? 그거 저랑 별 상관없는데요. 순명? 그거 신부님이나 수녀님에게 해당하는 거잖아요. 정결? 그거 독신 말하는 거 아녜요, 전 못해요."

하나같이 손사래를 치기 마련이다.

허면 이 둘은 서로 별개의 것인가? 그렇지 않다. 묘하게도 이 둘은 결국 하나가 된다. 어떻게 그럴 수 있을까?

우선, 믿음이 완성되면 청빈이 된다. 믿음의 절정은 무엇인가? 완전한 의탁이다. 믿음이 있는 사람은 하느님께 전적으로 의탁하기에 무엇을 자꾸 쌓아서 안전장치를 만들려고 하지 않는다. 하느님을 믿고 살면 하느님께서 알아서 다 먹여 주신다는 것을 알고 있기 때문이다. 그러기에 믿음이 있는 사람은 의당 영성적으로 '청빈'의 삶을 선택하게 되어 있다. 청빈은 하느님께 의지하여 '내' 것 챙기지 않고 '내'가 안전장치를 만들지 않는 삶의 태도, 그리하여 모든 것을 기꺼이 나눌 줄 아는 마음가짐을 가리키는 것이다.

다음으로, 희망이 완성되면 순명이 된다. 희망의 절정은 무엇인가? 바로 '아버지의 뜻'을 구하는 것이다. 우리가 사람의 뜻, 땅의 것들을 추구하다가 수준이 높아지면, 비로소 아버지의 뜻을 구하기 시작한다. 이렇게 아버지의 뜻을 받아들이는 게 '순명'이다.

마지막으로, 사랑이 완성되면 정결이 된다. 사랑 중에 제일 질 좋은 사랑이 무슨 사랑인가? 오롯한 사랑이다. 이를 다른 말로 '정결'이라 부른다. 정결은 하느님과 이웃을 향해 오롯한 사랑을 바치기 위하여 독신을 허원함으로 추구된다. 여기서 '오롯한 사랑'이라는 취지를 잃어버린 '정결'은 무늬만 정결이라는 묵상에 이르게 된다. 또 뒤집어 말해 '오롯한 사랑'이 정결의 요체라면, 이는 결혼한 신자들도 실천 가능한 덕목이라는 말이 된다.

이 얼마나 고마운 일치인가! 이를 도해로 그려보면 그 일치점이 보다 확연히 드러난다.

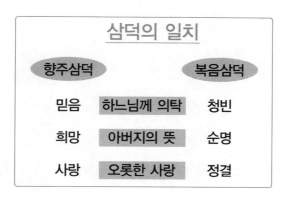

이 도해만 봐도 '복음삼덕은 수도자들의 전유물이다'라는 생각은 그릇된 단정임을 알 수 있다. 향주삼덕과 복음삼덕은 서로 맞물려 있으면서 통하는 것이며, 결국 같은 것이다.

이렇게 숲을 한 눈에 보고 나니, 나무 하나 하나에 골몰하는 것이 한결 수월해졌다. 이제 본격적으로 그 첫발을 디뎌볼 차례다.

은혜로운 소통을 위하여

자, 이제 출발이다. 그 전에, 더욱 신나는 여정을 위하여 귀동냥할 가치가 있는 이야기 하나 들어보자.

하루는 대철학자 소크라테스에게 어떤 사람이 찾아와 물었다.

"어떻게 하면 대화對話를 잘 할 수 있습니까?"

소크라테스는 말하였다.

"대화를 잘하는 최고의 비결은 그 사람의 언어로 말하는 것이다."

가히 명불허전名不虛傳, 명대답이다. '내 언어'로 말하면 대화가 잘 안 된다. 항상 상대방의 언어를 찾아서 '그 사람의 언어'로 말해야 호감을 얻고 소통이 잘 된다. 왜 그러한가? 우리 모두는 각자 자신이 쓰는 '내 언어'로 이해하고 받아들이기 때문이다. 이것이 어린아이에게 말할 때는 눈높이를 낮춰 어린아이의 낱말을 사용해야 하는 이치다.

하느님과의 관계에서도 이 소통 원리는 그대로 유효하다. 향주삼덕은 이미 밝힌바와 같이 뜻 그대로 '하느님을 향해 나아가는 세 가지 덕'을 가리킨다. 그런데 일찍이 하느님께서는 한 백성을 택하시어 자상한 계시啓示를 주시며 친절히 길안내를 해 주셨다. 그때 소통을 위하여 택하셨던 언어가 히브리어였다. 그리고 훗날 신약에 이르러 그리스어를 두 번째 계시언어로 택하셨다. 예수님 역시 히브리어를 사용하셨지만 당시 만국공통어가 그리스어였기 때문에 신약을 기록할 때는 복음의 세계화를 위하여 굳이 이를 취하셨던 것이다. 이런 까닭에 필자는 히브리어와 그리스어를 '계시의 원조元祖 언어' 또는 '신앙의 원어原語'라 부르기를 좋아한다. 이 책에서는 아예 한 걸음 더 나아가 '천상의 밀어'라 이름 붙여 봤다. 두 언어를 숭상해서가 아니라 풍요로운 영성적 · 실용적 영감靈感을 위하여!

사정이 이러할진대, 한글의 우수성에 자긍심을 갖는 영락없는 한국인으로서도, 계시의 원조언어, 곧 신앙의 원어를 충실히 음미하지 못한 채 믿음과 희망과 사랑의 정곡正鵠을 헤아리려 한다는 것은 무모한 바람임을 에누리 없이 시인하지 않을 수 없다.

하여 학술적인 연구보다는 세상 한복판에서 길을 찾는 이들을 위한 신나는 나침반쯤을 지향하는 이 글에서도 '천상의 밀어'라는 제목 아래 원어에 숨겨진 적확한 의미를 확인해 보는 순서를 반드시 밟고자 한다. 그 도움으로 정도正道를 가늠한 후에 그 언저리에서 자유로운 산책을 하고자 하는 것이다. 그래야 우리의 생사를 가름하는 이 세 가지 결정적인 덕德에 우리의 뜬금없는 생각을 갖다 붙여 '믿음은 이런 것이야, 희망은 이런 것이야, 사랑은 이런 것이야'라며 사도邪道를 그려내어 마침내 죽음에 이르는 우를 피할 수 있기 때문이다.

정직하게 말하여, 필자 역시 히브리어나 그리스어를 잘 모른다. 단지 단어의 알파벳 정도만 알 뿐이다. 하지만 고맙게도 전문 연구가들의 안목을 빌려다 쓸 수는 있다. 그래도 소득은 풍요롭기 그지없다.

조금 수고롭더라도 부디 건너 읽지 않기를 독자들에게 당부한다. 반드시 우리의 믿음과 희망과 사랑의 지평이 넓어지고 깊이가 중후하여지는 것은 물론, 그 아득한 장도長途를 디디는 발걸음은 '얼씨구!' 신명나게 경쾌해질 것이다.

차례

사랑

하나.
믿음의 기초

그렇다. 우리는 진리를 만나면 자유로워진다. 필자에게도 고달픈 일들이 많다. 시련도 오고 역경도 오고 궂은일들도 오고 원하지 않은 일들도 생기고, 다 온다. 그런데 필자는 이런 일들에서 그전보다 훨씬 자유로워졌다. 왜 그런가? 이는 필자가 예수님 안에서 진리를 발견하고, 그럴수록 "에잇, 이거 뭐 다 지나가는 거다" 하며 점점 자유를 얻기 때문이다. 문제가 있고 십자가가 있어도 이렇게 외친다. "이거야말로 축복이다! 이거야말로 금덩어리고 복덩이다!" 이런 믿음이 있기 때문에 자유를 얻는 것이다.

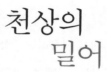

천상의
밀어

성경의 원어는 하느님께서 당신 백성과 소통하기 위하여 택하신 언어다.
그러기에 가히 '천상의 밀어'라 이름 붙여도 좋을 것이다.
이 언어를 익혀두면 영성적으로도 실존적으로도 큰 도움이 될 것이다.
어쩌면 막다른 골목에 처했을 때 한 줄기 동아밧줄이 될 수 있으리라.
이 천상의 밀어로 자신의 '믿음'을 풍요롭게 가꾸어 보자.

구약성경에서 '믿음'을 나타내는 히브리어는 '바타흐'batach와 '아만'
aman이다.

바타흐batach는 믿음을 나타내는 가장 보편적인 용어로 '자신을 내맡기기 위해 얼굴을 숙이는 것'을 뜻한다. 즉, 사람이 누구 앞에서 "제가 당신을 숭배합니다", "제가 앞으로 당신께 복종하겠습니다"라며 깊이 숙여 절하는 것이다. 예를 들면, "보라, 하느님은 나의 구원. **신뢰하기에** 나는 두려워하지 않는다"(이사 12,2)에서 '신뢰하다'가 바로 바타흐batach 동사를 번역한 것이다. 여기서 드러났듯이, 믿음은 우선적으로 다른 신들이 아닌 야훼 하느님만을 섬기기로 '선택'하여 그분께 자신의 삶을 온전히 '의탁'하는 것을 가리킨다.

반면, 아만aman은 어떤 객관적인 지식을 진리로 받아들일 때, "나는 확신해, 이건 진실이야!" 하고 마음에서 갖는 태도다. 또한, 우리가 기도할 때 그 기도가 꼭 이루어질 것이라고 확신하는 것 역시 아만이다. 오늘날 전례에서 사용하는 "확신합니다", "옳습니다", "그대로 이루어지소서"를 뜻하는 '아멘'이 바로 여기서 유래하였다. 예를 들어, "아브람이 주님을 **믿으니**, 주님께서 그 믿음을 의로움으로 인정해 주셨다"(창세 15,6)에서 '믿으니'가 바로 아만 동사를 번역한 낱말이다. 여기서 믿음^{aman}은 자신이 이미 의탁하기^{batach}로 작정한 야훼 하느님의 말씀 곧 명령이나 약속이 이루어질 것을 곧이곧대로 믿는 것을 가리킨다.

요컨대, 바타흐는 '전인적 의탁의 신앙'을 가리키고 아만은 '약속말씀의 구체적인 실현에 대한 확신'을 나타낸다. 우리의 믿음은 이 두 가지가 서로 연합하고 뭉뚱그려지고 버무려져서 이루어진 것이라 볼 수 있다.

신약성경에서 믿음에 해당하는 그리스어는 '피스테우에인'pisteuein이라는 동사다. 이는 히브리어 '바타흐'와 '아만'의 공통 번역어로, 그 명사는 피스티스pistis, 그 형용사는 피스토스pistos다.

사실, 믿음을 나타내는 이들 용어의 구분이 우리에게 전혀 생소한 것은 아니다.

흔히 우리는 "나 저 친구 믿어. 저 친구 참 믿을 만한 사람이야", "나 우리 선생님 믿어", "나 우리 부모님 믿어"라는 식의 표현을 종종 쓴다. 이때 '믿는다'는 단어는 그들의 인격, 능력, 성실성 등을 인정하여 신뢰하고 의탁할 수 있다는 것을 뜻하는데, 이것이 바로 '바타흐'와 같은 개념이다.

그런가 하면, 우리는 "믿는다"는 표현을 "나는 가톨릭 교리를 믿어", "나는 성경을 믿어", "나는 지구가 둥글다는 것을 믿어" 할 때처럼 어떤 주장에 대한 확신을 가리킬 때 사용하기도 한다. 이는 바로 '아만'과 같은 개념이다.

어떤 의미가 되었건, 믿음은 결코 추상적인 것이 아니라 우리의 삶에 깊이 삼투되어 있는 생존의 지혜다. '믿는다'는 것은 이런 것이다.

항상 기쁜 얼굴을 하고 있는 꽃장수 할머니가 있었다. 이를 늘 궁금해 하던 한 단골손님이 할머니에게 물었다.

"할머니는 전혀 근심걱정이 없으신가 봐요?"

"천만에. 내게도 근심이 있다우."

"그런데 어쩜 그렇게 매일 기쁘게 사실 수가 있으세요?"

"난 '3일의 비밀'을 갖고 인생을 살아가기 때문이라네."

"'3일의 비밀'이요?"

"'3일의 비밀'이란 걱정거리가 생길 때마다 하느님께 맡겨드리고 3일을 기다리는 것이라네. 예수님도 무덤에서 3일 만에 부활하시지 않았는가."[1]

이 할머니의 믿음은 우리의 신앙고백이 단지 교리에 그치지 않고 어떻게 삶 안에서 가시적인 은총으로 둔갑할 수 있는지를 깔끔하게 보여 준다. 할머니에게서 우리는 요지부동의 '아만'을 본다.

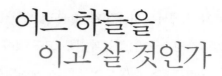

어느 하늘을
이고 살 것인가

뭐니 뭐니 해도 믿음에서 가장 중요한 것은 첫 단추를 잘 꿰야 한다는 사실이다. 믿음에서 첫 단추는 믿을 대상을 올바로 선택하는 것이다. 곧 천상의 밀어를 빌려 말하자면 '바타흐'를 잘하는 것이 우선적으로 중요한 관건이다.

'내가 누구를 믿을 것인가?'

이는 운명을 가르는 물음이며 생사를 결정짓는 선택이다. 신명기는 이렇게 말한다.

"보아라, 내가 오늘 너희 앞에 생명과 행복, 죽음과 불행을 내놓는다" (신명 30,15).

"이제 너희는 보아라! 나, 바로 내가 그다. 나 말고는 하느님이 없다. 나는 죽이기도 하고 살리기도 한다. 나는 치기도 하고 고쳐 주기도 한다.

내 손에서 빠져나갈 자 하나도 없다"(신명 32,39).

생명과 죽음, 행복과 불행, 모든 것이 야훼 하느님께 속해 있다. 그렇다면 우리는 어느 신을 믿어야 하는가? 선택을 잘해야 한다.

필자가 곧잘 언급하는 것이지만, 흔히 한 사람의 일생에 크게 영향을 끼치는 선택 세 가지가 있다고 한다. 첫째는 배우자를 선택하는 일이고, 둘째는 직업을 선택하는 일이며, 셋째는 종교(내지 가치관)를 선택하는 일이라고 한다. 여기서 가장 중요한 것이 종교(내지 가치관)의 선택이라고 할 수 있다. 배우자의 선택은 한 사람의 운명을 좌우하고 직업의 선택은 그의 활동영역을 결정하지만, 종교(내지 가치관)의 선택은 그가 이고 사는 하늘을 결정짓기 때문이다.

이는 얼마나 소름끼치는 사실인가. 어느 종교를 선택하느냐에 따라, 먹구름 하늘을 이고 살 것인지 태양이 빛나는 하늘을 이고 살 것인지, 우박이 떨어지는 하늘을 이고 살 것인지 무지개가 뜨는 하늘을 이고 살 것인지가 결정되는 것이니.

마지막 선택은 누가 대신해 주는 것이 아니라 자신이 하는 것이다. 믿음의 주체는 나다. 키에르케고르는 "누구든지 신 앞에 선 단독자"라고 했다.

이는 무슨 말인가? 자꾸 옆 사람 시켜서 믿지 말라는 말이다. 남편 시켜서 믿지 말고 아내 시켜서 믿지 말고 자식 시켜서 믿지 말라는 말이다. '내'가 믿는 것이다. 믿음은 "난 됐으니까 당신이나 열심히 다녀"라고 할 사안이 아닌 것이다.

촉망받는 한 피아노 연주자가 있었다. 한창 기량을 키워 가던 어느 날,

그녀는 평소 존경하던 피아니스트가 제자를 구한다는 소식을 들었다. 그녀는 한걸음에 오디션 현장에 달려가 떨리는 마음으로 오디션에 임했다. 만족스런 연주였다고 자부했지만 그녀에게 돌아온 답변은 싸늘하기 그지없었다.

"당신의 연주에서는 뭐랄까, 별다른 재능이 느껴지지 않는군요. 그만 돌아가세요."

엄청난 충격에 휩싸인 그녀는 그 길로 집에 돌아와 다시는 피아노를 연주하지 않았다.

세월이 흘러 평범한 중년 여성으로 살아가던 어느 날, 그녀가 사는 마을에 예전의 그 피아니스트가 찾아와 순회공연을 한다는 소식을 듣게 되었다. 문득 수년 전의 수모가 생각난 그녀는 피아니스트를 찾아가 따져 물었다.

"당신이 내 인생을 망쳐 놓았어요! 당신만 아니었다면 난 지금처럼 이렇게 평범하게 살진 않았을 거라고요!"

놀랍게도 피아니스트는 그녀를 기억하고 있었다. 그리고 조금의 흔들림도 없이 그녀에게 이렇게 말했다.

"오 세상에, 당신이군요. 그날의 연주가 인상 깊어 정확히 기억하고 있지요. 당신 연주는 아주 훌륭했어요."

"그런데 그때 제게 왜 그런 모진 말을 했죠?"

"세계적인 연주가가 되기 위해선 남이 뭐라 하건 스스로를 믿는 믿음이 필요하니까요. 당신이 내 말 때문에 피아니스트의 길을 포기했다면, 분명 그 뒤에도 연주가에게 따르는 비난과 혹평을 견디지 못했을 거예요. 당신의 인생을 망친 건 내가 아닙니다. 바로 나약한 당신이에요."[2]

　장밋빛 미래를 꿈꾸던 어린 피아니스트의 잘못은 스스로의 재능을 믿어야 하는 '자신'의 몫을 '남'에게 양도했다는 데에 있었다. 믿음은 철저히 자신이 선택하고 자신이 책임지는 것이다.

　이와 관련하여 필자가 무척 좋아하는 말씀 하나가 있다.
　"너희가 내 말 안에 머무르면 참으로 나의 제자가 된다. 그러면 너희가 진리를 깨닫게 될 것이다. 그리고 진리가 너희를 자유롭게 할 것이다"(요한 8,31-32).
　우리는 왜 성경공부를 하는가? 성경공부를 할수록 우리는 자유를 얻는다. 우리는 왜 자꾸 책을 읽는가? 책을 읽고 점점 더 높은 지식과 지혜가 쌓일수록 우리는 자유로워진다. 만약 그렇지 않으면 우리는 점점 더 좁은 구석에서 갑갑함을 느끼며 한계에 부딪히고 문제에 짓눌려서 살 수밖에 없다.
　그렇다. 우리는 진리를 만나면 자유로워진다. 필자에게도 고달픈 일들이 많다. 시련도 오고 역경도 오고 궂은일들도 오고 원하지 않은 일들도 생기고, 다 온다. 그런데 필자는 이런 일들에서 그전보다 훨씬 자유로워졌다. 왜 그런가? 이는 필자가 예수님 안에서 진리를 발견하고, 그럴수록 "에잇, 이거 뭐 다 지나가는 거다" 하며 점점 자유를 얻기 때문이다. 문제가 있고 십자가가 있어도 이렇게 외친다. "이거야말로 축복이다! 이거야말로 금덩어리고 복덩이다!" 이런 믿음이 있기 때문에 자유를 얻는 것이다.

하지만 안타깝게도 우리에게는 무엇이 참되고 무엇이 진리인지를 식별하는 능력이 부족하다. 이것이 엄연한 우리 지성능력의 현실이다.

우리는 사실 안개 속을 헤매듯 뿌옇게 산다. 이 희미함을 밝게 비추어주시는 분이 계시다. 바로 성령이시다. 성령께서 비추시어 우리 "마음의 눈"(에페 1,18)을 열게 하시고, 파라클리토 성령께서 우리와 함께 해 주시는 것이다.

"보호자, 곧 아버지께서 내 이름으로 보내실 성령께서 너희에게 모든 것을 가르치시고 내가 너희에게 말한 모든 것을 기억하게 해 주실 것이다"(요한 14,26).

이 성령의 비추임으로 조금씩 밝게 볼 수 있게 되는 것이다. 궁극적인 깨달음은 여전히 먼 미래의 기약으로 유보한 채로 말이다.

"우리가 지금은 거울에 비친 모습처럼 어렴풋이 보지만 그때에는 얼굴과 얼굴을 마주 볼 것입니다"(1코린 13,12).

이런 이유로 지난날 필자의 강의 내지 저술 내용과 이 글은 확연히 차이가 있음을 고백한다. 확실히 지금은 조금 더 명료해졌지만 아직도 안개는 더 걷혀야 한다.

어쨌든 말씀이라는 등대와 성령의 비추임을 담보 받고 있는 그리스도교 신앙은 참으로 복되다.

약속 말씀을
붙들고 버티라

　기실 이 책의 독자는 대부분이 야훼 하느님을 자신이 믿을 '신'으로 이미 선택하였고, 예수를 그리스도로 고백하는 이들일 것이라 여겨진다. 그렇다면, 선택의 문제는 더 이상 고민할 사안이 아니다.

　남는 것은 이제 '누구'를 믿을 것인가가 아니라 '어떻게' 믿을 것인가가 되겠다. 이에 대하여 성경은 명쾌한 답을 제시한다. 바로 '약속 말씀'을 붙들고 늘어지는 믿음을 가지라는 것이다. 이런 믿음은 앞에서 밝힌 것처럼 '아만'aman에 해당한다.

　하느님께서는 우리 믿음의 선조들과 우리 자신들에게 숱한 약속의 말씀을 주셨다. 성경을 읽다가 어느 말씀이 자신의 마음에 와 닿아 뜬금없이 설레게 한다면, 그 말씀을 자신을 위한 '레마'(=개인적으로 주시는 약속 말씀)로 받아들여도 무방하다. 이 '레마'는 기도할 때 일종의 '담보' 곧 개런티

역할을 해 준다.

이쯤에서 대표적인 약속 말씀 몇 가지를 예로 들어보자.

우선, 하느님께서 아브라함에게 하신 약속이다.

"나는 너를 큰 민족이 되게 하고, 너에게 복을 내리며, 너의 이름을 떨치게 하겠다"(창세 12,2).

어느 날 이 구절을 읽다가 가슴이 뜨거워졌다면, 그때는 이 말씀이 더 이상 하느님께서 아브라함에게 하신 약속이 아니다. 이 말씀은 이제 '나'를 위한 약속인 것이다. 흔히 선거철이 되면 점집이 북적거린다고 한다. 그들은 뭘 몰라서 그러는 것이다. 출마를 고민하는 이들은 이 말씀 언저리에서 왔다 갔다 해야 된다. 그러다가 어느 날 뜨거워지면 "됐다! 출마하자!" 이렇게 되는 것이다.

다음으로, 하느님은 우리가 어려울 때, 힘들 때, 두 팔을 내밀어 우리를 초대하신다.

"나를 불러라. 그러면 내가 너에게 대답해 주고, 네가 몰랐던 큰일과 숨겨진 일들을 너에게 알려 주겠다"(예레 33,3).

하느님은 이처럼 분명 우리에게 약속하셨다. 그러니 힘들 때 이 약속을 상기하면서 주님께로 가서 "저 좀 덜 힘들게 해 주세요" 하고 기도해 보자.

또 하나, 우리가 자주 들었지만 주님의 '말꼬리'를 잡고 떼를 쓰기에 딱 알맞춤인 약속이 있다.

"청하여라, 너희에게 주실 것이다. 찾아라, 너희가 얻을 것이다. 문을 두드려라, 너희에게 열릴 것이다. 누구든지 청하는 이는 받고, 찾는 이는 얻고, 문을 두드리는 이에게는 열릴 것이다"(루카 11,9-10).

이 약속 말씀은 우리가 하느님 앞에 무엇을 청할 때 괜히 주눅 들어서 거지처럼 청하지 말고 당당하게 채권자처럼 청하라고 응원해 준다. 이 말씀으로 인해 "아, 주신다고 하셨잖아요, 주님! 약속대로 주세요!" 하고 애교를 부릴 수 있게 되었으니 말이다.

하느님은 이러한 약속들이 반드시 이루어진다고 우리에게 가르쳐 주신다.

"내 입에서 나가는 나의 말도 나에게 헛되이 돌아오지 않고 반드시 내가 뜻하는 바를 이루며 내가 내린 사명을 완수하고야 만다"(이사 55,11).

이것이 바로 그리스도교 기도의 특권이다. 하느님께서는 당신 몸소 주신 약속 말씀을 반드시 지키시는 분인 것이다. 그러기에 철석같이 믿고 청하라는 것이다.

이 약속의 말씀을 붙들면 어떤 시련과 절망이 와도 힘이 난다.

캘리포니아에 거주하던 '데이빗'이라는 사업가가 있었다. 그는 계속되는 사업 실패로 끝내 자살하기로 결심했다. 새벽 3시, 주방을 지나다가 그는 우연히 식탁에 놓여 있던 어머니의 편지를 보았다. 갑자기 그는 어머니에 대한 추억이 떠올랐고 동시에 어머니의 오랜 친구인 해리엇 아줌마가 그리워졌다. 못 본 지 15년 된 해리엇 아줌마는 항상 주방 식탁에 '약속 말씀상자'를 놓아두고 그 속에 성경 구절들을 쓴 쪽지들을 넣어두고는 매일 하나씩 꺼내 아이들에게 읽어 주곤 했던 것이다.

데이빗은 마지막 희망을 거는 마음으로 아줌마에게 전화를 했다.

"아주머니, 꼬마들에게 들려주려고 만들어 놓으신 '약속 말씀상자'를 아직도 가지고 계세요?"

"그럼, 아직도 여기 있지."

"제게도 하나 뽑아 들려주세요."

"청하여라, 너희에게 주실 것이다. 찾아라, 너희가 얻을 것이다. 문을 두드려라, 너희에게 열릴 것이다"(마태 7,7).

"하나만 더 듣고 싶어요. 읽어 주실래요?"

"네 길을 주님께 맡기고 그분을 신뢰하여라. 그분께서 몸소 해 주시리라"(시편 37,5).

데이빗은 갑자기 눈물이 북받쳤다. 흐르는 눈물을 닦으며 말없이 기도한 뒤 그가 다시 말했다.

"제가 계획했던 것을 하지 않겠습니다. 아주머니, 마지막으로 한 말씀만 더 읽어 주실래요."

해리엇 아줌마가 마지막으로 뽑은 말씀은 마태 복음 28장 20절의 말씀이었다.

"보라, 내가 세상 끝 날까지 언제나 너희와 함께 있겠다."

통화를 마친 데이빗은 새 삶을 살기로 결심하였다. 15년 전 그의 마음에 심겨진 말씀 씨앗이 비로소 때가 되어 열매를 맺게 된 것이다.[3]

15년 전 무심코 귓가에 남았던 말씀들이 지금의 데이빗을 죽음의 유혹으로부터 다시 한 번 구한 것처럼, 약속 말씀과 늘 함께하는 삶 속에는 절망이 없다. 언제고 다시 일어설 지혜와 용기와 힘이 항상 함께할 뿐이다.

믿음의 사람들

신앙생활은 고상하고 어렵고 난해한 개념이나 이론을 갖고 하는 게 아니다. 다윗이 가졌던 하느님께 대한 이 믿음처럼 단순하고 확고해야 한다. 우리가 직장이나 가정에서 문제를 만났을 때, 원수가 나를 공격하고 핍박하고 음해할 때 이런 하느님을 믿고 자신이 복수하려고 하지 말아야 한다. 다윗은 자기가 복수한 적이 없다. 그는 "원수를 갚아주소서" 하고 하느님께 맡겨버렸다. 아니면 "알아서 다 하세요. 하느님이 하시는 일은 안 되는 일이 없으니까" 하고 기도하였다. 그러면 하느님께서는 영락없이 방패가 되어 주셨다.

강도 만난
수녀님

　필자가 신학교에 다닐 때였다. 하루는 본당 수녀님께서 간밤에 수녀원에 강도가 들었다는 이야기를 털어놓으셨다.

　"잠을 자고 있는데 도둑이 들어 와선 '돈 내놔!' 그러는 거야. 당황스러움에 몸이 굳어버리더라구. 그런데 갑자기 정신이 번쩍 들더니 명색이 수녀인데 잠옷차림으로 강도를 마주할 수는 없다는 생각이 드는 거야. 그래서 말했지.

　'감히 이곳이 어디라고, 수녀의 방을 어디라고 불쑥 들어와! 옷 입고 나갈 테니 나가 있어!'

　도둑도 놀랬는지 이 말을 듣고 순간 멈칫하더니 순순히 방을 나가 기다리는 거야. 그때부터 덜덜 떨리더니 걱정되기 시작했어. 큰소리는 쳤는데 막상 나가서 어떻게 해야 하나 싶었지. 그래 옷을 입고, 있는 돈을 챙겨서 태연한 척 거실로 나가서 말했어.

'뭐가 필요한 거예요? 도움이 필요하면 청하지 그랬어요. 이거 우리가 가진 것 전부입니다. 더 필요하면 다시 오세요.'

그랬더니 강도는 오히려 '고맙습니다' 하고 가더라고.

'…….'"

수녀님은 도둑에게 돈을 빼앗긴 게 아니라 얼떨결에 자선을 베푼 셈이 되었다. 칼의 위협 앞에 나약할 수밖에 없는 여성이었지만 '수녀'라는 신원의식이 무의식중에 기적을 이루는 밑천이 되었던 것이다. 결과적으로 하느님께 대한 전폭적인 믿음의 쾌거였다고 할 수 있겠다.

이제부터 믿음의 모델들을 만나 보며 어떻게 믿음이 그들의 생애를 드라마틱하게 연출해냈는지 더듬어 볼 것이다. 그 이유는 그들의 이야기를 들을 때에 우리의 믿음이 성장하기 때문이다. 사도 바오로는 말했다.

"믿음은 들음에서 오고 들음은 그리스도의 말씀으로 이루어집니다"(로마 10,17).

한마디로 자꾸 신앙 선배의 이야기를 들어야 한다는 것이다. 사도 바오로는 요즈음 그 가치를 인정받고 있는 '스토리텔링'의 지혜를 일찍이 터득했던 것일까.

참고로, 이스라엘 사람들은 스토리텔링을 통하여 조상들의 귀중한 경험지經驗知를 대물림하며 증폭시킬 줄 알았다.

그 하나의 방편이 이름짓기다. 후손이 감히 조상의 이름을 함부로 부르거나 이어받는 것이 금기시 되어온 우리나라와는 달리, 이스라엘인들은 자신의 훌륭한 조상이나 친족의 이름을 자기 자녀의 이름으로 지어주는 것이 보편화되었다. 이는 자녀들이 자꾸 자신의 이름을 들을 때마다, 이와 관련된 그들 위대한 조상의 삶을 상기하고 본받게 하기 위함인 것이다.

가톨릭의 세례명도 마찬가지다. 특히 유아세례를 통해 세례명을 받는 것은 신앙교육의 관점에서도 매우 유익하다. 엄마의 젖을 물릴 때부터 아이의 세례명을 불러 주며 그 성인의 신앙에 관한 이야기를 해 주는 것이 그 아이의 무의식에 신앙을 심어 주는 데 크게 도움이 되기 때문이다.

그럼 본격적으로 믿음의 사람들을 만나 보기로 하자. 스토리텔링을 통하여 그들을 만나는 것은 그들의 체험에 오늘의 우리가 동참하기 위함임을 염두에 두면서.

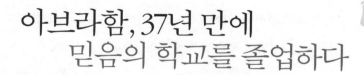

아브라함, 37년 만에
믿음의 학교를 졸업하다

아브라함이 하란에 살고 있을 때, 하느님께서 다짜고짜 나타나시어 그에게 지시하셨다.

"네 고향과 친족과 아버지의 집을 떠나, 내가 너에게 보여 줄 땅으로 가거라"(창세 12,1).

하란은 요즘으로 따지면 신도시였다. 당시 제일 번성한 도시, 시쳇말로 '금싸라기 땅'이었다. 그곳에서만 살아도 평생 안전빵으로 살 수 있었다. 그런데 주님께서 뜬금없이 어딘지도 모르는 전혀 알려지지 않은 곳으로 이사 가라고 하셨던 것이다.

그럼에도 아브라함은 그대로 순명하였다. 이에 하느님께서는 약속 말씀을 주셨다.

"너를 민족의 조상이 되게 해 주겠다. 땅도 주겠다. 여기 살고 있는 땅은 아무것도 아니야. 젖과 꿀이 흐르는 땅을 너에게 줄게. 그리고 너 내 말 잘 들으면 복의 샘이 될 거야. 복의 근원이 될 거야. 너도 복을 누리겠지만 너를 만나는 사람마다 복을 받게 될 거야"(창세 12,1-4 참조).

큰 민족이 되게 하고, 땅도 주고, 만나는 사람마다 복을 받게 되고…… 사실 이 세 가지 약속을 받았을 때 아브라함의 나이가 70세가 넘었었다. 아내 사라도 60이 넘었었다. 그 나이 될 때까지 자식 하나 못 낳았는데 그런 그에게 민족의 조상이 되게 하겠다는 말은 좀 허황되게 들렸을 터다.

하란이 시방 잘 나가는 땅인데 더 좋은 땅을 주신다니, '여기보다 더 좋은 데가 어딨어?'라는 회의가 왜 없었으랴.

또 복이 뭔지 전혀 체험도 없던 그에게 '복의 근원이 되라'는 말 역시 막막하기 짝이 없을 것이 분명했다.

그런데도 아브라함은 그대로 하였다. "가라" 시기에 일단 '갔다'. 잘한 일이었다!

하느님께서 아브라함에게 "민족의 조상이 되리라" 하고 말씀하신 때는 정확히 말하여 그의 나이 75세였다. 그는 머리를 궁굴리다가 하느님께 물었다.

"주님, 어떻게 민족을 만들라는 건가요? 그래 제가 주님 말씀을 듣고 고민을 좀 해 봤습니다. 저희 집에 엘리에제르라는 다마스쿠스 출신 몸종이 있는데 그를 양자로 들이라는 말씀인가요? 그럼 일단 그를 호적에 입적을 시킬까요?"(창세 15,2 참조)

하지만 하느님께서는 이렇게 말씀하신다.

"아브라함, 너는 왜 그렇게 답답한 소리를 하느냐? 나는 네 혈통에서 나온 자식을 민족의 조상으로 삼을 것이니라"(창세 15,4 참조).

이 말씀에 아브라함은 신이 나서 부인한테 달려간다.

"임자, 이리 와 봐. 내가 오늘 귀중한 말씀을 들었는데, 하느님이 우리한 테 혈통을 주신대. 당신은 어떻게 생각해?"

그때 사라 나이 65세였다. 사라는 말한다.

"당신 뭔가 잘못 들은 거 아녜요? 내가 예순다섯 살이에요."

"아니, 내가 들었다니까!"

"아니에요, 잘못 들었을 거예요. 남자는 일흔다섯 살에도 애기 낳을 수 있을지 모르지만 여자는 못 낳아요! 가서 생물수업 좀 더 배워 와요."

사라가 아무리 생각해도 말이 안 됐던 것이다. 밤새 궁리궁리하던 사라 는 아침녘이 되어 이렇게 말을 한다.

"혹시 당신 말이 사실이고 하느님 계시가 사실이라면, 당신 혈통이라고 했으니까 당신의 씨를 받을 사람을 쓰라는 말 아닐까요? 내 말이라면 껌뻑 죽는 애가 있거든요. 하가르라고, 내 몸종이에요. 이판에 내가 한 번 양보할 게요."

"거, 진작 얘기하지!"

결국 두 사람 사이에 이스마엘이 생긴다. 아브라함의 나이 86세 때였다 (창세 16,1-16 참조).

아브라함은 이로써 약속 말씀이 이루어졌다고 믿었다. 그는 이스마엘을 자신의 혈통으로 인정하고 키우며 살고 있었다. 그런데 아브라함이 99세 때, 하느님께서 또 나타나셔서 말씀하셨다(창세 17장 참조).

"아브라함, 너는 내가 네 혈통에게 민족의 조상이 되게 하겠다는 말 잊지 않았지?"

"그럼요. 감사하고 있습니다. 이스마엘을 주셨으니 이제 이루어지지 않았습니까?"

"아니야, 그는 네 혈통이 아니야. 나는 너하고 사라 사이에 정식으로 자식을 준다고 그랬지, 언제 내가 다른 씨를 쓰라고 그랬느냐? 너는 왜 쓸데없는 짓을 했느냐."

하느님 말씀에 아브라함은 눈이 똥그래진다.

"아이고 하느님 맙소사, 우리 사라 얼굴 좀 보세요. 이게 애 낳을 얼굴입니까? 이빨도 다 빠졌는데요."

"아브라함, 너는 내가 '한다' 그러면 하는 야훼인 줄 모르느냐? 오늘부터 너의 아내 이름을 '사라'라고 해라. 사라는 제왕들의 어머니라는 뜻이다."

(사실, 아브라함과 사라라는 이름은 여기 창세기 17장부터 시작된다. 주님께서 그들에게 새로운 이름을 주시기 전, 그들의 이름은 아브람과 사라이였다.)

이 이야기를 옆에서 듣고 있던 사라가 "허, 나 참……" 하고 웃었다(창세 18,12 참조). 이 웃음에 사라는 하느님께 야단을 된통 맞았다.

"심각한 얘기하는데 넌 왜 웃느냐?"

"아, 웃을 수밖에요. 제가 애 낳는다 그러시니까요."

그러나 애가 생겼다! 아브라함 100세, 사라 90세 때였다(창세 21,5 참조). 그 아이가 바로 '웃음'이라는 뜻의 이사악이다.

아브라함이 이사악을 낳은 것은 아브라함의 믿음으로 낳은 것이 아니었다. 아브라함은 이사악을 낳기 전에 딱 한마디했다.

"(그런 엉뚱한 말 하지 마시고) 이스마엘이나 잘 돌보아 주세요"(창세 17,18 참조).

그런데 이사악을 낳았던 것이다!

결국 아브라함의 믿음은 그 날 생겼다. 25년 걸린 믿음의 학교에서 이제 막 중간고사를 치른 격이었다.

"인제서야 알겠다. 하느님 말씀은 반드시 이루어지는구나! 팥으로 메주를 쑨다 해도 나는 이제 믿으리라. 환경 생각하지 않고, 상황 생각하지 않고, 불가능을 생각하지 않으리라. 하느님은 못하는 것이 없으신 야훼이시다."

하느님께서 딱 보시니까 아브라함이 25년 만에 믿음이 생겼다. 이에 '진짜 믿는지 안 믿는지' 시험하시기 위하여 졸업고사를 치신다. 이사악이 12세 되던 때, 하느님께서는 아브라함에게 이사악을 제물로 바치라고 말씀하신다(창세 22,2 참조).

그전 같으면 따지고 고민했을 아브라함이 바로 결심을 한다.

"무조건 믿으리라. 만일 이사악이 다쳐도 더 좋은 일이 생기겠지."

제사가 바쳐져야 할 모리야 산으로 가는 길에 이사악이 아버지께 묻는다.

"아버지 제물은 어디 있는 거예요?"(창세 22,7 참조)

아브라함은 다음과 같이 대답한다.

"야훼 이레, 야훼께서 마련해 주신다" (창세 22,8 참조).

아브라함이 고백한 이 말은 할 말이 없어서 둘러친 게 아니었다. 이는 '그의 믿음'이었다. 그는 속으로 계속 "야훼 이레"를 되뇌면서 간 것이다.

"야훼 이레, 야훼 이레. 야훼께서 마련하시리, 야훼께서 마련하시리."

이리하여 아브라함은 25년 만에 믿음의 학교에서 1차 합격을 하고, 만으로 37년 만에 졸업을 하게 된다. 이후 그의 이름에는 빠짐없이 '믿음의 조상'이라는 수식어가 오늘에 이르기까지 따라다니고 있는 것이다.

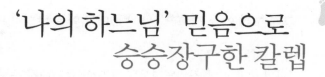

'나의 하느님' 믿음으로
승승장구한 칼렙

이스라엘 민족이 파란 광야에 이르렀을 때, 모세는 가나안을 정탐하기 위해 한 지파에서 한 명씩, 똑똑한 청년 12명을 뽑아서 가나안 땅으로 들여보낸다. 그러면서 그들에게 지시를 내린다.

"거기 가서 백성들이 강한지 약한지, 숫자가 많은지 적은지, 땅과 도시는 또 어떻게 생겼는지, 천막은 어떤지, 성은 어떻게 만들어졌는지, 이런 것들을 전부 다 기록해 가지고 돌아오라"(민수 13,17-20 참조).

그들은 40일간 가나안 땅을 정탐하고 돌아온다. 그러고는 풍요로운 과일들을 가져와서 "그곳은 젖과 꿀이 흐르는 땅입니다" 하고 보고한다. 그런데 그 중 10명은 아주 비관적이고 비극적인 견해를 밝힌다.

"거기에는 장대같이 키가 큰 거인족이 살고 있습니다. 거기에는 너무 강한 사람들이 살고 있기 때문에 우리는 들어가지 못합니다. 그들 앞에 섰더니 꼭 우리가 메뚜기만 하게 보였습니다"(민수 13,32-33 참조).

　그때 눈의 아들 여호수아와 여푼네의 아들 칼렙이 나서서 반론을 펼친다.

　"아닙니다. 야훼 하느님께서는 그 땅을 우리에게 주시겠다고 약속하셨습니다. 우리가 야훼의 마음에 들기만 하면, 그 땅은 우리 땅입니다. 그들은 우리의 밥입니다"(민수 14,8-9 참조).

　의견이 갈린 것이다. 절대다수 10명이 스스로를 '메뚜기'라 보았을 때, 여호수아와 칼렙은 상대방을 '밥'으로 보았다. 이 사태는 결국 백성들로 하여금 모세를 거슬러 데모하게 만들었고, 이에 대한 징계로써 하느님께서는 백성들이 40년 동안 광야에서 고난의 세월을 보내게 하셨다.

　하지만, 야훼 하느님께서는 여호수아와 그의 동료 칼렙을 어여삐 여기시어 가나안 정복의 두 주역이 되게 하셨다. 칼렙은 야훼의 분부에 순명하면서 승승장구하는 여호수아의 곁을 굳게 지켜주었다. 그는 가나안 전 지역을 다 정복하여 정착을 하고 땅을 분배할 때, 자신의 지분을 당당히 요구한다.

　"나는 나의 하느님을 온전히 따랐다"(여호 14,9 참조).

　"나에게 저 산악지대를 달라. 저곳은 주님께서 나에게 약속해 주신 땅이다"(여호 14,12 참조).

　그는 요구대로 땅을 받았지만, 묵상거리는 사실 그 앞의 고백에 있다. 어느 누가 자기 삶을 마감하고 정리하면서 "나는 나의 하느님을 충실히 따랐다"고 주장할 수 있을까? 그만큼 그는 자신이 있었던 것이다. 이는 자만이 아니라 정직한 고백이다. 먼 훗날 사도 바오로도 이와 비슷한 고백을 한다.

"나는 훌륭히 싸웠고 달릴 길을 다 달렸으며 믿음을 지켰습니다. 이제는 의로움의 화관이 나를 위하여 마련되어 있습니다"(2티모 4,7-8).

필자도 훗날 이런 고백을 하고 싶다.

칼렙의 말 가운데 또 하나 중요한 것이 '나의 하느님'이란 표현이다. '나의 하느님'은 '아브라함의 하느님, 이사악의 하느님, 야곱의 하느님'의 연장이다. 곧 이들의 일생을 동반하시면서 위대한 업적을 이루셨던 바로 그 하느님께서 이제 칼렙 자신의 생애를 인도하시면서 큰일을 이루시리라는 믿음이 이 호칭에 담겨 있는 것이다.

남의 하느님만 만날 고백해서는 소용이 없다. "나의 하느님! 주님께서 나의 하느님이십니다!"라고 고백할 수 있어야 한다.

"나의 하느님. 내 탯줄을 열어주시고 내 마지막 숨을 거둬주실 하느님. 내 짝이요, 내 뼈이요, 내 낙이신 하느님, 나를 동행하시고, 나를 이끄시고, 나를 대신하여 싸워주시고, 언제나 내 편이 되어 주소서!"

이런 식으로 기도해야 한다.

이런 의미에서 칼렙은 오늘 우리를 위한 '나의 하느님' 신앙의 모델로 믿음의 기개를 뽐내면서 우리의 기억 속에 우뚝 서 있다고 하겠다.

다윗의
'방패' 믿음

다윗의 믿음은 실로 감동적이다.

소년시절 다윗은 골리앗이라는 필리스티아 거인이 나타났을 때 그를 대적하러 나서게 된다. 사울 왕이 말렸지만 다윗은 이렇게 고백한다.

"사자의 발톱과 곰의 발톱에서 저를 빼내 주신 주님께서 저 필리스티아 사람의 손에서도 저를 빼내 주실 것입니다"(1사무 17,37).

다윗은 이미 죽음의 위기에서 구원하시는 하느님의 손길을 체험했던 것이다.

다윗은 막대기와 돌멩이 다섯 개를 들고 골리앗과 마주한다. 그것을 본 골리앗이 말한다.

"가소롭도다! 쪼끄만 놈이 그것도 돌멩이 하나 들고 나와 가지고……."

이에 다윗이 응수한다.

"너는 칼과 표창과 창을 들고 나왔지만, 나는 네가 모욕한 이스라엘 전열의 하느님이신 만군의 주님 이름으로 나왔다. 오늘 주님께서 너를 내 손에 넘겨주실 것이다"(1사무 17,45 참조).

결국 이 말 속에 다윗의 비밀이 있다. 그는 신앙고백을 먼저 하고 나서 돌멩이를 던진 것이다. 그랬더니 딱 하고 돌멩이가 골리앗의 이마에 명중하였다(1사무 17,49 참조). 한 방으로 골리앗을 보내버렸다.

이것이 우리 하느님의 섭리다. 이런 하느님 체험을 수도 없이 한 다윗은, 후에 이렇게 고백한다.

"주님은 나의 힘, 나의 방패, 나의 성채"(시편 28,7 참조).

다윗의 믿음은 한마디로 '방패 믿음'이었다. 다윗이 방패 믿음 덕에 구사일생으로 살아난 예는 그 이후에도 빈번히 있었다. 훗날 다윗의 인기가 급상승하자 질투에 눈 먼 사울 왕이 다윗을 추적하던 중 사울이 코앞에 왔는데도 다윗은 살아난다. 분명 사울이 자기를 봤는데, "나는 이제 죽었구나" 싶었는데 그냥 지나가는 것이었다. 그것도 혼자가 아닌 여러 명이 봤는데도 그냥 지나갔다. 이게 웬일인가. 다윗은 고백한다.

"아, 주님께서 이 사이에 안 보이는 성채를 세워주셔 가지고 내가 안 보였구나. 그래서 그들의 시야에서 가려졌구나"(2사무 22,3 참조).

믿음이 있는 이에게는 이런 일도 가능하다.

신앙생활은 고상하고 어렵고 난해한 개념이나 이론을 갖고 하는 게 아니다. 다윗이 가졌던 하느님께 대한 이 믿음처럼 단순하고 확고해야 한다.

우리가 직장이나 가정에서 문제를 만났을 때, 원수가 나를 공격하고 핍박하고 음해할 때 이런 하느님을 믿고 자신이 복수하려고 하지 말아야 한다. 다윗은 자기가 복수한 적이 없다. 그는 "원수를 갚아주소서" 하고 하느님께 맡겨버렸다. 아니면 "알아서 다 하세요. 하느님이 하시는 일은 안 되는 일이 없으니까" 하고 기도하였다. 그러면 하느님께서는 영락없이 방패가 되어 주셨다.

20분의
기적

　믿음의 사람들은 성경 속에만 존재하는 게 아니다. 필자의 체험 한 토막을 소개해 본다. 실제 우리 연구소에서 벌어진 일이다.

　필자는 강의 갈 때 운전을 도와주는 형제와 이동 중 사무 일을 도와주는 J 부장을 동행시킨다. 연 600회가 넘는 강의 일정으로 인해 차 안에서 업무를 수행할 일이 산적해 있기 때문이다. 그런데 J 부장에게는 작년 고3 수험생 딸이 있었다. 아무래도 J 부장은 새벽에 집을 나와 저녁 늦게 귀가하는 날이 태반이다 보니 수험생인 아이를 전혀 돌보지 못했다.

　J 부장은 내심 아이 걱정으로 불안해 하였다. 필자 속도 편치 않았다. 그런데도 필자는 확신이 있었다.

　"J 부장, 딸내미는 하느님께 맡기고 복음 전하는 일에 충성을 다하자고. 분명 좋은 일이 생길 거야. 믿어봐!"

　다행히 잘 따라와 줘서, 그 이후부턴 수험생 엄마인지도 모를 정도로

일 년 동안 정말 평화롭게 잘 지냈다.

　수능시험 후 J 부장 딸은 여러 군데에 입학원서를 냈다. 그 중 딸이 제일 원하는 곳은 PD 양성 특수 대학이었다. 그런데 아쉽게도 그곳은 떨어지고, 거들떠 보기도 싫었던 곳과 지방에 있는 대학이 붙었다. 그 집 분위기는 그야말로 초상집이었다. 필자도 좌불안석이었다.

　그러던 2월의 마지막 주일, 강의 차 셋이 만나 출발을 하는데 J 부장의 얼굴이 아주 말이 아니었다. 얘기를 들어 보니, 일단 합격은 하였으니 한 군데에 등록은 했는데 딸은 계속 재수하겠다며 고집을 부린다는 것이었다. 아주 엄마와 딸이 팽팽하게 붙은 모양이었다. 아무래도 딸 입장에선 진짜 원하는 곳으로 가고 싶고, 엄마는 일 년 더 공부시킨다는 게 고생스럽고 창피했던 것이다. 분위기가 뻘줌하여 필자가 물었다.

　"아침 미사는 드렸나?"

　"못 갔습니다."

　퉁명스러운 어조였다. 그 말을 듣는 순간 내 입에서는 생각지도 못한 말이 튀어나왔다. 그런데 뒤돌아 생각해 보니 성령의 영감을 받아 나온 말이었다.

　"J 부장, 요즘 냉담하나?"

　"요새, 기도가 잘 안돼요. 기도하기 싫어요."

　보통 주일 같으면 충분히 갔을 터인데, 분명 그의 맘속에 '가지 말자'라는 회의가 있었던 것이다. 그래 바로 필자는 체크에 들어 간 것이다.

　"J 부장, 아니 그동안 나를 그렇게 따라다니며 강의를 다 들었으면서 그 정도 믿음밖에 가질 수 없어? 하느님 보시기에 그 사람한테 재수가 필요하고 유익하다 싶으면 재수도 시켜주시는 거야. 인생 백 년을 길게 보라고. 백 년 중에 그 일 년 아무것도 아니야. 그리고 오늘 당장 저녁 때 미사에 가. 가서는 '우리 딸 재수 시켜주셔서 감사합니다'라고 감사미사 봉헌해!"

과장되게 큰소리를 쳐봤다.

J 부장은 3월 2일 화요일, 낮 12쯤 필자에게 보고를 하였다.

"신부님, 신부님 말씀대로 엊그제 저녁미사 때 감사미사 봉헌했습니다. 그리고 방금 12시에 대학 등록을 취소하여 등록금을 환불받았습니다. 이제부터 제 딸은 재수생입니다."

"잘 했어, 이제 1년만 다시 기다려 보자구. 좋은 일이 일어날 거야. 주님께서 반드시 J 부장의 믿음에 응답해 주실 거야."

"……. 하여간 '아멘'입니다."

그러고 나서 오후 1시에 연구소 회의가 있어 모두 모였다. 그런데 그 자리에 참석한 J 부장이 회의 도중 자꾸 전화기를 만지작거리고 들락날락하는 것이었다. 평소 없던 일이라 너무 분심이 들기에 한마디했다.

"지금 회의시간 아닌가? 왜 자꾸 전화를 받지?"

J 부장은 조심히 말을 꺼냈다.

"신부님, 이 전화 꼭 받아야 되는데요."

"무슨 전환데?"

"우리 아이 합격했어요."

"어디?"

"그렇게 가고 싶다던 PD 학교요."

"아니, 거기 떨어졌었잖아."

"대기 번호 45번을 받아 놨었거든요. 그런데 1명의 자리가 비어 차례로 전화를 줬던 거예요. 당장 20분 내에 등록이 가능하냐구요. 근데 앞 번호를 받은 학생들은 이미 다른 학교에 등록하여, 당장 20분 내에 등록 취소를 하고 그 학교에 다시 등록하는 것이 불가능했던 거죠. 하지만 우리 딸은 한 시간 전에 재수한다고 등록금을 뺐으니 바로 시간 내에 등록을 할 수 있었던 거구요. 신부님 말씀이 맞았어요. 기적이 너무 빨리 일어났어요!"

타이밍이 딱 맞았던 것이다. 이는 분명 하느님께서 주신 보너스였다. '재수도 하느님이 주신 것이면 좋은 것이다'라는 믿음에 장하다며 보너스를 땡겨 주신 것이었다. 이렇듯 확고하게 믿으면 생각지도 못한 큰 축복이 하늘에서 쏟아진다.

"주님을 신뢰하고 그의 신뢰를 주님께 두는 이는 복되다. 그는 물가에 심긴 나무와 같아 제 뿌리를 시냇가에 뻗어 무더위가 닥쳐와도 두려움 없이 그 잎이 푸르고 가문 해에도 걱정 없이 줄곧 열매를 맺는다"(예레 17,7-8).

J 부장의 딸은 지난 5월 자신의 생애 첫 아르바이트로 번 돈을 하느님께 봉헌한다며 연구소 후원회에 십일조로 바쳤다. 자신 스스로도 하느님 체험을 했음을 알았던 것이다.

셋.
믿음의 기도

하느님께서는 절대로 애매하고 막연한 기도에다가 응답을 안 주신다. 〔…〕 그렇다면 '구체적으로 기도한다'는 것은 무엇인가. 〔…〕 어떤 사람이 "부자가 되게 해 주세요"라고 기도한다. 그런 기도는 백날 해야 소용없다. 〔…〕 액수를 얘기하라는 것이다. 〔…〕 여기다 확률을 높이는 또 하나의 방법이 있다. 바로 '사용계획서'를 제출하는 것이다. "이번에 이거 주시면 제가 〔…〕 복음 전하는 데도 잘 쓰겠습니다. 불우이웃도 도와주겠습니다. 당신께서 원하시는 데다 팍팍 쓰겠습니다." 그 기도 들으시고 주님께서 주판 퉁겨 보아 남는 장사인 것이 확실해질 때, 더 잘 주신다.

당신은 신이고
나는 인간입니다

성 요한 크리소스토모는 기도를 이렇게 정의했다.

"기도란 도시의 벽이고, 군인의 칼이며, 폭풍을 피할 수 있는 안식처, 또 절룩이는 사람에게 다리가 되어 주는 목발이다."

멋진 말이다. 요한 금구金口란 별명처럼 단 한 문장으로 기도의 역할을 웅변적으로 설명하고 있지 않은가.

여담이지만 필자는 이 성인을 좋아한다. 한번은 터키·그리스 성지순례에 갔을 때 성인의 유해가 안치되어 있는 성당에 들른 적이 있었다. 기회다 싶어 다들 다른 곳에 정신 팔려 있을 때 슬쩍 유해가 안치된 함 뚜껑에 손을 얹고 사진 한 방을 찍게 했다. 그 순간 기도했다.

"요한 크리소스토모 성인이시여, 비슷한 소명을 받은 저를 위해 빌어 주소서. 성인께서는 불같은 글과 강론으로 난세에 복음을 전하시어 불세출의 목자가 되셨으니, 저에게도 그 영검이 함께하도록 성령을 전구하여 주소서."

그 기념비적인(?) 사진은 지금 연구소 필자 방에 고이 모셔져 있다.

그건 그렇다 치고 우리는 과연 언제 기도하는 것이 바람직할까? 노르웨이의 신학자 할레스비는 '무기력'이 기도의 출발점이라고 말한다. 무기력하지 않고는, 다시 말해 아직 살 만하다 싶을 때는 기도가 잘 안 된다는 얘기다.

헨리 나우웬은 이 전제에서 한 걸음 더 나아간다.

"기도한다는 것은 곧 하느님의 온전한 빛 속을 걸어가며 잠시의 망설임도 없이 **'저는 인간이고 당신은 하느님이십니다'**라고 고백하는 일이다. 바로 그 순간 변화가 일어난다. 관계가 정상적으로 회복된다."[1]

무슨 말인가? 기도란 "나는 인간이기 때문에 약하고 당신은 하느님이시기 때문에 다 할 수 있습니다"를 고백하는 것이라는 말이다. 헨리 나우웬의 강조점은 그다음 문장에서 부각된다. 그는 단언한다.

"인간은 가끔 실수를 저지르는 존재가 아니고, 하느님 역시 가끔씩 용서를 베푸는 창조주가 아니다. 인간과 하느님의 정의가 잘못됐다. **인류는 총체적으로 죄인이며 하느님은 총체적으로 사랑이시다.**"

그의 말은 옳다. 인간은 잠시, 가끔만 나약하고 죄스러운 존재가 아니다. 그의 말대로 우리는 '총체적으로 죄인'이기 때문에 늘 부족하고, 항상 도움이 필요하다. 하지만 하느님께서는 '총체적으로 사랑'이시기에 항상 차고 넘치시며, 아낌없이 베푸신다.

한마디로 인간은 기도 없이 살 수 없고, 기도 덕에 사는 존재다.

믿음의
기도?

믿음의 기도는 어떤 기도일까? 글자대로라면 '믿음'으로 바치는 기도가 바로 '믿음의 기도'일 텐데, 이 설명은 아직 뿌옇기만 하다.

그 명쾌한 답을 얻으려고 기도에 관한 책을 읽다가, 언젠가 기도의 여러 유형을 소개한 대목을 읽고 무릎을 치며 공감한 적이 있다. 그 여섯 가지 유형을[2] 소개하는 것만으로도 각자의 기도를 점검하는 데 도움이 될 것이라 여겨져, 간략히 요약해 본다.

첫 번째로, '흥정하는 기도'다. 예를 들어 과속 딱지를 끊을 때, 이렇게 기도하는 것처럼. "하느님, 제발 요번 딱 한 번만 눈감아주세요. 그렇게 해 주시면, 다음부턴 절대 안 할게요."

두 번째로, '질문하는 기도'다. 인간으로서 도저히 이해할 수 없는 일이 생기거나 고통스러울 때 이 기도를 바친다. "하느님, 거기 계십니까? 왜 이런 일이 저한테 일어나는 거예요? 도대체 언제쯤 상황이 나아지는 겁니까?"

세 번째로, '정의를 구하는 기도'다. 억울한 일을 당했거나, 세상의 불의한 일을 목격할 때 우리는 이 기도를 바친다. "하느님, 저 사람이 어떻게 저한테 이럴 수가 있습니까? 그를 그냥 내버려 두실 수가 있습니까? 너무 부당합니다."

네 번째로, '필사적으로 매달리는 기도'다. 상황이 굉장히 급할 때 필사적으로 이 기도를 바친다. "하느님, 제발 이번에는 좀 이뤄주세요. 제발 좀 막아주세요."

다섯 번째로, '뻔뻔한 기도'다. "하느님, 제가 사놓은 아파트 값이 왜 이렇게 안 오릅니까? 하느님, 복권 좀 당첨되게 해 주십시오."

여섯 번째로, '아름다움과 행복에 관한 기도'다. 예를 들어 우리의 행복과 아름다움을 유지시켜달라는 기도가 여기에 속한다. "늙지 않게 해 주세요. 우리 부부 백년해로하게 해 주세요. 오래 살게 해 주세요. 이 집에서 평생 살고 싶어요."

누구든지 이들 가운데 자주 바치는 기도가 한두 가지씩은 있을 터다. 여기서 주의를 요하는 것은 '어느 기도는 옳고 어느 기도는 그르다'라고 단언할 수 없다는 사실이다. 이 세상에 틀린 기도란 없다. 수준이 낮은 기도와 수준이 높은 기도만 있을 따름이다. 어떤 수준에서 기도를 하건 하느님께서는 우리의 눈높이에 맞춰 기도를 들어주신다. 그러시면서 당신의 스케줄에 따라 우리의 기도 수준을 업그레이드 시켜주신다.

아직 우리의 물음은 해소되지 않았다. 그렇다면 '믿음의 기도'는 도대체 어떤 기도일까? 고백하거니와, 필자는 기도에 관한 여러 책자를 읽고 그 핵심을 추려 나름대로 '믿음의 기도' 공식을 짜봤다. 그런데 곧 생각이 바뀌었다.

이미 우리에게는 최고의 기도가 있다. 바로 '주님의 기도'다. 이 기도는 얼마나 힘 있는 기도인가.

필자가 TV에서 〈통하는 기도〉라는 제목을 걸고 한창 '주님의 기도' 풀이 강의를 할 때였다. 총 26회의 강의가 중간쯤 방영됐을 때 이름만 대면 알 만한 개신교 원로 목사님이 필자에게 전화를 주셨다.

"내가 〈통하는 기도〉 강의를 시청하고 있는데 강의가 정말 성령 충만합니다. '주님의 기도'가 그렇게 은혜롭고 힘 있는 기도인 줄은 나도 목회자지만 새삼 발견했습니다. 나도 앞으로 더 많이 바치겠습니다."

　필자는 그분의 전화를 의미 있게 기억하고 있다. 왜냐하면 필자가 알고 있는 그분은 몸소 기도를 많이 하고 있는 목회자로 유명하기 때문이다. 그분의 전화 한 통화는 여전히 필자에게 많은 것을 내포한 상징으로 울림을 지속하고 있다. 물론 가톨릭 교계로부터 호응도 많았다. 의외성을 지니지 않기에 언급을 생략할 뿐이다.

　여하튼 주님의 기도야말로 기도의 왕도임에 틀림없다. 그러기에 의당 '믿음의 기도' 교본이요 밑그림이 되는 것이다.

　이제부터 그 가운데 실용적으로 강조할 것들 몇 가지만 집중 조명해 보면서 믿음의 기도 수칙을 확인해 보자.

번지수를
잘 알고 기도하라

'하늘에 계신'이라는 말마디 속에 믿음의 기도를 위한 힘 있는 메시지가 담겨 있다.

'하늘에 계신'이란 말은 무슨 뜻인가? 원래 '하늘'은 인간이 어떤 방법으로도 도달할 수 없는 곳이었다. 그런데 언제부턴가 비행기나 로켓이 날아다니는 등 하늘이 침범 당했다.

하느님은 딴 데로 이사 가신 걸까? 아니다. 그러실 필요가 없다. 저 하늘은 상징적인 곳이고, 우리가 도달할 수 없는 또 다른 '하늘'이 있는 것이다. 보이지 않는 하늘, 곧 초월계 말이다.

우리가 사는 이 세상은 3차원이지만, 현재 물리학자나 수학자들에 의해 11차원까지 있다는 것이 검증된 것을 보면 그보다 더 높은 차원이 있을 수도 있다는 말이 된다. 하느님께서 이런 차원들을 주무르시려면 그보다 위에 계셔야 한다. 그곳이 진짜 '하늘'이다.

그렇다면 '하늘에 계신'이라는 고백을 우리가 왜 하는가? 이 고백 속에는 이런 내용이 들어 있다.

"당신은 창조주십니다. 당신은 우주의 주관자십니다. 당신은 역사의 흥망성쇠를 결정짓는 분이십니다. 저의 생사화복이 당신 손에 달려 있습니다."

그러니까 처음부터 "당신은 전능자이시고 결재권자이시니 제가 당신께 직접 기도합니다"라는 이야기다.

사도행전에서 아테네 시민들이 '알지 못하는 신에게' 기도했다는 내용을 상기해 보자. 알지 못하는 신에게 편지를 써서 부치면 어디로 가겠는가? 물론 훌륭한 우편배달부라면 현명한 판단으로 하느님께 갖다 드릴 수 있다. 하지만 대부분 주소 불명으로 되돌아오고 말 것이다.

반면 하느님 주소를 확실히 알고 있는 우리들이 '하늘에 계신' 하느님께 기도의 편지를 써 보내면, 배달이 될까 안 될까? 당연히 된다!

그러니 번지수를 잘 알고 기도해야 하는 것이다. 나의 흥망성쇠, 생사화복이 '하늘에 계신' 하느님께 달려 있다.

"나는 주님이다. 다른 이가 없다. 나 말고는 다른 신이 없다. 〔…〕 나는 빛을 만드는 이요 어둠을 창조하는 이다. 나는 행복을 주는 이요 불행을 일으키는 이다. 나 주님이 이 모든 것을 이룬다"(이사 45,5.7).

행복과 불행, 삶과 죽음을 결정짓는 하느님, 이 하느님이 바로 우리가 고백하는 '하늘에 계신' 하느님인 것이다.

생떼를
써라

'우리 아버지'라는 호칭에도 믿음의 기도를 위한 백미가 숨어 있다.

우선, '우리'는 '함께'라는 뜻이다. 여기에는 "이기적으로 기도하지 마라", "함께 나누어 먹어라", "연합해서 기도하라" 등의 여러 가지 의미가 들어 있다.

또 하나 아주 기가 막힌 뜻이 숨어 있다. 이 '우리'를 체험하려면, 지금부터 필자가 이야기하는 대로 해 보시라. 사람 많은 지하철역 같은 곳에 가서 남자 분들은 제일 마음에 드는 여자 분을 붙잡고, 여자 분들도 제일 마음에 드는 남자 분을 붙잡아 이렇게 말을 걸어 보시라.

"우리, 심심한데 노래방이나 갈까요?"

그러면 어떤 일이 일어날까? 뺨에 손이 날아오며 이런 대답을 듣지 않을까?

"뭐라고요? 당신하고 나하고가 왜 우리야? 우리라는 말, 함부로 쓰지 마!"

그렇다. 우리라는 말은 함부로 쓸 수가 없다. 지나가는 사람 붙잡고 '우리' 해서는 안 된다. 친한 사람, 가까운 사람, 아주 막역한 사람과의 사이가 '우리'인 것이다.

따라서 '하늘에 계신 우리'라고 기도하는 것은, 주님은 비록 하늘에 계시지만 그분과 '나'는 친한 사이라는 것을 새삼 확인하는 셈이 된다. 하느님께서는 '내' 이름을 알고 계시고, '내' 생년월일도 아시고, '내'가 어디 사는지도 아시고, '내'가 지금 무엇이 필요한지도 아신다! 이를 고백하는 게 '우리'다.

다음으로 주님을 '아버지'라고 부르는 것은 구약 기도와 신약 기도의 분수령이다. 구약의 기도에서는 하느님을 한 번도 '아버지'라고 부른 적이 없다. 물론 가끔가다 성경에 "하느님은 아버지시다, 아버지 같으신 분이시다"(집회 23,4 참조)라는 표현이 나오긴 하지만, 그냥 호격으로 '아버지'라고 부른 적은 없다. 이렇게 부르면 "저런 불경한 놈, 감히 자기 하느님을 아버지라고 불러!" 하며 독성죄로 몰았다.

그런데 신약으로 넘어와서 제자들이 예수님께 기도하는 법을 가르쳐 달라고 청하자, 예수님께서는 이렇게 말씀하셨다.

"기도하려면 한 가지 비장의 카드가 있다. 하느님을 '아빠 아버지'라고 부르면 이때부터 얘기가 달라진다"(마태 6,9 참조).

그전에는 "야훼 하느님", "아도나이 하느님", "엘샤다이", "엘로힘"

등등 거창하게 불렀다. 요즘 말로 치면 "천지신명이시여"쯤에 해당하는 뉘앙스로 하느님을 불렀기에 아무래도 느낌이 조금 멀었다.

그런데 예수님께서는 하늘에 계신 우리 '아빠, 아버지'라고 직접 부르신 것이다. 실제 당신 입술에서 나온 발음이 '아빠'ABBA였다. 이 '아빠'ABBA 는 번역해도 아빠다. 오늘 날 우리 아이들이 부르는 "아빠"는 예수님께서 우리에게 권고하신 하느님의 호칭인 것이다!

요컨대, '우리 아빠'라는 이 두 단어에 '생떼기도'라는 비장의 카드가 숨 겨져 있다. 하느님을 '아빠'라고 부를 때 우리는 아이처럼 생떼를 쓰면서 기도하게 된다. 기도는 한마디로 생떼를 쓰는 것이다.

"왜 내 기도는 이루어지지 않죠?"라고 묻는 사람은 혹시 너무 점잖게 기 도해서 그런지 짚어볼 일이다. '기도'를 너무 우아하게 바치려는 이는 아 예 기도 응답 받을 생각을 말아야 한다. 주님께서도 떼를 써야지 응답 받는 다고 말씀하셨다.

"어떤 과부가 있었다. 그 과부가 억울한 일을 당해서 재판관을 찾아가 '재판해 주세요' 하고 청했다. 그런데 재판관은 가난한 과부의 청에 응하 지 않았다.

'나 돈 생기는 일 없으면 안 해 줘.'

그런데 과부가 가서 재판관에게 자꾸 귀찮게 굴었다. 재판관은 끝내, '할 수 없다. 네가 하도 귀찮게 구니까 들어줘야겠구나'라고 하였다.

고약한 재판관도 자꾸 하소연하고 귀찮게 하니까 들어주는데, 선하신 아 버지께서야 안 들어 주시겠느냐?"(루카 18,1-8 참조)

주님의 말씀이다. 그러니 떼를 쓸 줄 알아야 한다. 마치 어린아이처럼 말이다. 미국의 한 가정에서 실제로 있었던 일이다.

네 살배기 아들이 침대 곁에서 무릎을 꿇고는 이렇게 기도했다.

"사랑하는 하느님, 오늘 하루 고마워요. 제발 무서운 꿈 안 꾸게 해 주세요. 그리고 이번 생일파티에 내 친구 에덴이 꼭 오게 해 주세요."

아이의 엄마는 이불을 올려 아들을 덮어 주고, 아이 이마에 키스한 다음 말했다.

"아가야, 에덴이 이사 간 집은 엄청 멀단다. 너무 멀어서 네 생일 파티에 못 와."

"그렇지만 엄마, 그 애가 오게 해 달라고 기도했다니까요!"

그녀는 평소 기도할 때에 엄밀히 가능성이 있는 것만 기도했다. 그런데 아들에게는 이러한 규칙이 통하지 않았다. 에덴이 얼마나 멀리 사는지 지도까지 펼쳐 보여 주었지만, 아이는 에덴 이름이 적힌 초대장을 그녀에게 건넸다. 그녀는 그것을 보내 봐야 소용없다는 것을 알고 핸드백 속에 슬쩍 넣어 두었다.

"토요일 네 생일에 엄마가 어떤 케이크 만들어 줄까?"

실현가능한 것을 떠올리길 바라며 물었는데, 아이의 대답은 이랬다.

"보라색 나비 모양 케이크요. 에덴이 나비를 좋아해요. 그리고 보라색두요."

그런데 목요일 저녁, 전화벨이 울렸다. 에덴의 엄마였다.

"이번 주말에 에덴과 함께 그 동네에 가려구요. 토요일 괜찮으세요?"

그녀는 이 기쁜 소식을 어서 빨리 아들에게 전해 주고 싶었지만 한편으론 생일날 깜짝 놀라게 해 주고 싶어 미리 얘기하지 않았다.

　토요일 파티 시간에 딱 맞추어 에덴이 나타났을 때, 그녀는 아들의 표정을 유심히 살폈다. 그런데 전혀 놀라는 기색이 없지 않은가!

　그녀는 순간 그 뜻밖의 사건은 아들이 아니라 바로 자신을 위한 것이었음을 깨달았다.

　'내 믿음이야말로 강건해져야 했으며, 기도가 성숙해져야 했던 사람은 다름 아닌 나였구나.'

　나중에 그녀는 아들에게 물어보았다.

　"에덴이 생일파티 때문에 그 먼 길을 온 게 대단하지 않니?"

　아들이 씩 웃으며 말했다.

　"엄마, 제가 기도했다니까요!"[3]

　이것이 바로 '생떼기도'다.

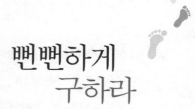

뻔뻔하게
구하라

'아버지의 이름이 거룩히 빛나시며'라는 대목에도 믿음의 기도를 위한
알찬 영감이 서려 있다.

'아버지의 이름'은 어떻게 하면 '거룩히 빛나는'가? 우리가 아버지의 영
광을 드러낼 때다. 그렇다고 아버지가 영광스러운 분이 아니라는 뜻은 아
니다. 즉 영광스럽지 않은 분을 우리가 영광스럽게 만드는 것이 아니라 원
래 있던 영광이 다시 드러나게 만들어야 한다는 것이다.

이 영광은 어떻게 드러나는가? 무엇보다도 먼저, 우리가 곤경에서 기도
하여 응답을 받으면 하느님의 영광이 드러난다.

"내가 궁지에 몰렸을 때, 내가 절벽에 처했을 때 하느님께 기도하였더니
그분께서 나를 구원하셨다."

이렇게 신앙증거를 통하여 하느님의 영광이 드러나는 것이다. 주님께서는 우리에게 약속하셨다.

"환난의 날에 내 이름을 불러라. 내가 응답하리라"(호세 2,23 참조).

그러기에 우리가 어려울 때 불러야 할 이름은 '주님'이다.

가까운 사례가 있다. 대한민국은 현재 글로벌 금융위기를 모범적으로 잘 극복한 나라가 됐다. 물론 아직도 해결해야 할 숙제가 많지만, 어쨌든 이는 일차적으로 경제인들을 비롯한 산업전사들의 수고 덕이다.

또한 필자는 그 배후에 기도의 힘이 작용했다고 생각한다. 대한민국이 한참 위기일 당시, 성당과 교회에는 새벽미사와 주일미사에 참례하는 신도가 굉장히 많았다. 한국인의 기도 열기는 세계적으로 유별나고 두드러지지 않는가. 바로 이렇게 기도하고 연합하여 좋은 성과가 있게 된 것이다.

그러므로 기억하자. 우리가 기도할 때 하느님의 능력이, 하느님의 영광이 드러난다.

그런데 이 때 조심해야 할 것이 마귀의 장난이다. 간혹 마귀가 우리를 이렇게 붙잡는 것이다.

"야야, 평소에 기도하지 않던 녀석이 닥치니까 기도하는구나?"

이런 생각도 마귀가 꼬시는 거다. 급할 때 이것저것 따질 게 어디 있는가. 우선 기도해놓은 다음, 나중에 떼먹지 말고 감사드리면 된다. 그러니 '양심의 이름으로' 자꾸 주님 앞에 못 나오는 이들이 있다면, 그것은 마귀의 속삭임이니 괘념치 말자.

성령께서는 우리가 아무리 죄 중에 있어도 회개하여 주님께 나오게 하고, 희망을 갖게 하고, 기대하게 만든다. 반면, 마귀는 절망하게 만들고, 기도하지 않게 만들고, 무기력에 머물게 만든다.

뻔뻔해도 좋다. 어려울 때 주님 앞으로 나와서 주님의 이름을 부르자. 나중에 갚으면 된다. 그분의 영광을 드러냄으로써 말이다.

불평거리도
감사하라

아버지의 영광을 드러내어 '아버지의 이름'을 '거룩하게' 하는 길 첫 번째가 곤경에 처했을 때 '뻔뻔하게' 아버지의 이름을 부르는 것이라고 앞에서 밝혔다. 그 두 번째는 '아버지의 이름'을 부르며 감사와 찬미를 드리는 것이다. 그러면 아버지의 영광이 드러난다.

그렇다면 감사는 언제 해야 하는가? 좋은 일이 일어날 때만 하면 안 된다. 특히 지금 가장 감당하기 어렵고 이해하기 어렵고 소화하기 어려운 일이 눈앞에 있을 때, 그것을 놓고 감사할 줄 아는 사람이 진짜 믿음 있는 사람이며 감사 드릴 줄 아는 사람이다. 이런 사람은 지금 현재 자신의 눈에 보이는 불행도 금세 축복으로 둔갑하는 기적의 주인공이 된다.

믿음이 없는 사람은 감사를 드릴 수가 없다. 당장은 고통이요 절망만 보이지만 양파껍질 벗기듯이 껍데기를 벗겨 보면 그 속에 축복이 있음을 믿기에 감사를 드리는 것이다. 그러기에 감사를 계속 하는 이에게는 선순환이 일어나고, 불평을 일삼는 이에게는 악순환이 일어난다.

모든 걸 봐도 감사하는 이에게는 "너 감사할 줄 아는구나! 옛다, 더 먹어라" 하고 플러스. 그러니까 또 감사, 그걸 보고 "어, 하나 더 먹어라" 하고 플러스. 이렇듯 감사가 계속 눈덩이처럼 불어난다.

반면 불평이라는 것은 짧은 생각에서 비롯된다. 불평하는 그 가운데에도 감사할 일이 있다. 그런데 지금 그것이 실패로 보이니까, 결론으로 보이니까, 믿음이 짧으니까, 불평하는 것이다. 이렇게 불평하는 이는 주님께서 섭섭해 하신다. "너 그렇게 받아 놓고! 요거 조금 안 되는 거를, 요것도 조금 있음 풀릴 건데. 그래, 그걸 갖고 소갈딱지 없이 거기다가 자꾸 불평을 해? 너는 자격이 없구나" 하고 마이너스. 그러니까 불평거리가 또 하나 늘어서 또 마이너스. 이렇듯 계속 악순환을 이루는 것이다.

따라서 통째로 바꿔야 한다. 항상 감사와 찬미를 달고 살자. 그러면 좋은 일이 일어난다.

항상 감사를 드릴 줄 아는 믿음의 사람에게 '아버지의 나라'가 액면 그대로 더욱 풍성하게 임한다.

'아버지의 나라'는 이미 와 있는 나라가 있고, 우리가 앞으로 맞이할 나라가 있다. 와 있는 나라를 '이 땅에 와 있는 하느님 나라', 맞이할 나라를 흔히 '천국'이라 한다.

그렇다면 이 '아버지의 나라'의 퀄리티는 뭘까? 성인들은 압축해서 말하기를 지복직관至福直觀이라 하였다. 그 나라에 동참하는 것이 '지복' 곧 최고의 복, 더할 수 없는 복이고, 그 복을 아무것도 거치지 않고 직접 체험하는 것을 '직관'이라 하는 것이다.

따라서 '아버지의 나라가 오신다'는 말은 그 나라를 지금 우리가 누린다는 뜻이다. 사도 바오로는 말했다.

"하느님의 나라는 먹고 마시는 일이 아니라, 성령 안에서 누리는 의로움과 평화와 기쁨입니다"(로마 14,17).

여기서 의로움은 '만족'이다. '평화'는 근심이 없는 것이다. '기쁨'은 환희다. 이들은 죽어서가 아니라 살아서 이 세상에서도 누릴 수 있다. 여기에는 어떤 사회적 계층의 차별도 없다. 누구든지 주인공이 될 수 있다.

감사를 모르는 사람은 자신 안에 '만족'과 '평화'와 '기쁨'이 없어서 그러는 것이다. 역으로 감사를 일부러라도 하면, 점점 이 모든 것들이 저절로 자신의 내면에 차고 넘치게 된다. 감사의 표정 속에 이들 세 가지가 함께 어우러져 춤을 추는 것이다.

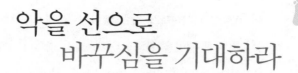

악을 선으로
바꾸심을 기대하라

'아버지의 뜻이 하늘에서와 같이 땅에서도 이루어지소서'라는 대목에도 믿음의 기도를 위한 결정적인 내공이 깔려 있다.

'아버지의 뜻'은 두 가지로 알아들어야 한다. 보편적인 뜻이 있고, 개별적인 뜻이 있다. 기도에 대한 실용적인 욕구를 되살리기 위하여 여기서는 거꾸로 개별적인 '아버지의 뜻'을 먼저 헤아려 보기로 하자.

개별적인 '아버지의 뜻'은 '나'의 삶 안에서 이루어지는 아버지의 궁극적인 계획을 말하는 것인데, 결론부터 말하면 '내 안에서 선을 이루신다'는 것이 요지부동의 교의다.

살다 보면, 진짜 어려움이 닥쳤을 때 우리 입술에서는 저절로 탄식이 나오게 된다.

"아! 바닥입니다. 제가 지금 벽입니다. 제가 지금 한계에 부딪혔습니다. 아버지 저에게 무엇을 원하십니까? 제가 일어나기를 원하십니까? 제가 다시 시작하면 되겠습니까? 아버지의 뜻은 저에게 무엇을 원하십니까?"

그때 틀림없이 우리 주님께서는 구약의 요셉이 자기 형제들에게 했던 그 말씀을 주실 것이다.

"형님들은 나에게 악을 꾸몄지만 하느님께서는 선으로 바꿔주셨습니다"(창세 50,20 참조).

이는 무슨 말인가.

"내 뜻이 뭔 줄 아냐? 세상은 너희에게 악을 꾸몄지만, 불경기가 너에게 악을 꾸몄지만, 너희 원수들이 너희에게 악을 꾸몄지만 내가 선으로 바꿔주마!"

이러한 아버지의 선언이 내 안에서 이루어지는 것이다.

필자 역시 이 말씀을 붙들고 산다. 궂은 일이 오면, "아버지의 뜻이 이루어지소서. 그러나 이것이 둔갑하여 선이 될 줄을 믿나이다" 하고 항상 기도를 바친다.

사도 바오로의 말씀은 그대로 진리다.

"하느님을 사랑하는 이, 곧 그분의 계획에 따라 부르심 받은 이 안에서 모든 것이 합하여 선을 이룬다는 것을 우리는 압니다"(로마 8,28 참조).

여기서 '합하여'라는 것은 안 좋은 일, 피하고 싶은 일, 불평하고 싶은 일, 마음에 안 드는 일, 사람들이 '저것은 불행이다'라고 손가락질하는 일들까지도 모두 다 합한다는 의미다.

그러니 얼마나 좋으신 하느님이신가. 필자는 이 하느님을 붙들고 여태까지 살아왔고 앞으로도 살 것이며 죽을 때까지 그렇게 할 것이다.

　나아가, 보편적인 아버지의 뜻은 '인류의 구원을 원하신다'는 것이다. 그런데 '아버지의 뜻이 땅에서도 이루어지소서'라고 기도하는 사람은 먼저 구원의 역사에서 자신의 사명을 깨달을 줄 알아야 한다.

　참고로 말하자면 신자 등급은 크게 세 가지로 이루어진다. 군중 급, 제자 급, 사도 급이 그것이다.

　우선, 군중 급은 왔다리 갔다리 하는 사람들이다. 조금 느낌이 오면 오고 느낌이 안 오면 안 오고, 득이 되면 오고 손해가 될 것 같으면 안 오고, 쉬우면 오고 힘들면 안 오고, 달면 오고 쓰면 안 오고……. 꼭 군중이 이랬다. 중심이 없고 부화뇌동이다. 오늘도 이런 신자들이 있다.

　그다음, 제자 급은 주님과 항상 동행하는 사람들이다. 끝까지 함께 머물러 있는 사람들이다. 그런데 제자 급은 아직 주님의 양성을 받고 있다. 예수님의 3년 공생활을 동고동락한 이들을 일컬어 '제자'라고 불렀다. 오늘로 치면 그저 성당 열심히 다니는 사람들이 여기에 해당한다 하겠다.

　마지막으로, 사도 급은 이 제자들이 그대로 승급하여 생겨났는데, 바로 성령 강림을 받은 뒤 예수님께서 파견하실 때였다.

　"가라, 가서 복음을 전해라. 너희에게 사명이 있다"(마태 28,30 참조).

　바로 그때 제자들은 사명을 받아 파견된 자, 곧 사도가 되었다.

　그렇다면, '나'는 이 가운데 어디에 속하는가? 현재 자신의 위치를 생각하며 각자 한 단계씩 급을 높여 보자. 더 이상 군중 급이 되지 말고, 제자 급 정도는 갔다가, 더 나아가 사도 급이 되어 보자. 지금부터라도 시작하자. 한 걸음 한 걸음 자꾸 실습해 보자. 언젠가는 인턴십, 레지던트 이런 거 다 떼고 사도로서 자격증을 딸 날이 올 것이다. 그리하여 아버지의 뜻에 동참하자.

하루하루
청하라

'오늘 저희에게 일용할 양식을 주시며'에도 믿음의 기도를 위한 실용적인 지침이 감춰져 있다.

'오늘 저희에게'는 오늘 우리의 행복론이면서 동시에 우리의 영성을 이야기하는 핵심적인 단어다.

한마디로, 하느님께서는 하루살이 영성을 원하신다. 미리미리 준비하는 영성, 너무 많이 예비하고 준비하는 사람을 하느님께서는 별로 안 좋아 하신다. 오해 없기를. 이는 비전을 말하는 것이 아니라 대비책을 쌓아두는 것을 두고 하는 말이다.

마더 데레사가 그랬다. 그녀는 일 년 후, 십 년 후를 내다보지 않았다. 철저히 하루하루를 살았으며 끼니마저도 하루하루 의지하였다.

"하느님이 계시는데 왜 내가 미리 준비하는가."

그렇다. 만약 하느님께서 한꺼번에 너무 많은 것을 주시면 우리는 내일 당장 냉담할지도 모른다. "옳거니! 한 일 년은 냉담해도 먹고 살 것 있구나." 그다음에 주-욱 냉담하고 나서 급하면 또 구하는 것이다. "하느님 아시죠?" 하면서.

이를 아시고 하느님께서는 이미 구약의 광야에서 이스라엘 백성들에게 만나와 메추라기를 주실 때 딱 하루치씩만 주셨다. 왜인가? 훈련시키시느라고 그러셨던 것이다. 매 순간 당신께 의지해서 살기를 원하시기 때문이었다.

필자가 아는 어떤 자매님은 신앙적으로 훌륭하고 공로도 많고 정말 타의 모범이 되는 분임에도 시련이 끊이지를 않는다.

"신부님, 저도 이제 지쳤어요. 왜 저한테는 시련이 끊이질 않나요?"

필자는 이렇게 말해 주었다.

"하느님께서 자매님을 너무나 사랑하시네요. 딴 사람은 그래도 한눈파는 거 용납하시는데 자매님이 한눈파는 거는 싫으신가 봅니다. 매 순간 당신께서 자매님을 그토록 원하시니까요."

우리는 기억해야 한다. 시련이 끊이지 않는다면 하느님께서 '나'를 조금 더 특별히 사랑하고 계시다는 것을.

사용계획서를
제출하라

앞에서 '일용할 양식'을 하루하루 청해야 한다고 언급했다. 그런데 '일용할 양식'에는 '영적인 양식'이 있고 '육적인 양식'이 있다.

우선, 영적인 양식은 우리가 주일날 성당에서 미사드릴 때, 메뉴가 다 차려져 있다고 보면 된다. 바로 말씀의 식탁과 빵의 식탁이다.

우선, 주님께서는 우리에게 말씀을 통하여 '믿음'과 '희망'을 공급하신다.

없던 믿음이 언제 생기는가? 말씀을 들을 때 생긴다. "나는 믿음이 없는 게 문제야"라고 하는 이들은 믿음이 없는 게 문제가 아니다. 말씀을 안 읽고, 말씀을 공부 안 하는 게 문제다. 말씀을 읽고 말씀을 공부한 사람 치고 믿음이 없는 사람은 없다. 항상 말씀을 가까이 하는 생활을 하자. 그러면

믿음이 공급되고 믿음이 자라난다. 필자는 회원들을 대상으로 매주 〈신나
는 복음 묵상〉 CD 또는 테이프를 보내드리고 있다. 많은 분들이 그 말씀을
듣고, 힘을 받는다고 전해온다. 없던 믿음도 불쑥불쑥 생긴다고 한다.

또 말씀을 자꾸 듣다 보면 희망이 생긴다. 복음 묵상 회원들은 말한다.
말씀으로 은혜 받은 사람들의 이야기를 들으면, "나는 왜 이때껏 이런 은혜
못 받았지? 나는 어떻게 해야 되지?" 하고 희망이 생긴다는 것이다.

우리에게는 이런 거룩한 욕심이 필요하다. 성당 다니면서 거룩한 욕심이
없는 사람, 곧 "나는 욕심이 없어. 그러니 주님께서 나를 얼마나 좋아하실
까 몰라" 하는 이들, 거 야단맞을 소리다. 그건 생의 의욕이 없다는 얘기와
도 같다. 주님께서는 분명 "추수할 것은 많은데 추수할 일꾼이 적다"(루카
10,2 참조)라고 하셨다. 누가 이 말씀 앞에서 '마음 비웠다'고 희망을 접을
것인가. 고백하거니와 필자는 욕심이 많다. 필자의 욕심은 주님을 더 많은
사람들에게 알려드리고 싶다는 것이다. 필자는 그것 때문에 칭찬을 받으면
받았지 야단맞지는 않을 것임을 확신한다.

한편, 주님께서는 우리에게 성체를 통하여 '사랑'을 공급하신다.

성체는 '사랑'이다. 이를 입증하는 것이 이탈리아의 '란치아노 성체의
기적'이다. 약 1,285년 전, 이탈리아 란치아노 지방의 바실리오 수도회에서
는 밀떡이 살로 바뀌고 포도주가 피로 바뀌는 기적이 일어났었다. 그걸 보
존해 오다가 1970년 성분 의뢰를 했더니 다음과 같은 결과를 얻었다.

"이것은 사람 심장 근육 조직이며 어떤 방부제 성분도 들어 있지 않다.
상하지 않은 걸로 봤을 때 이건 기적임에 틀림없다."

이 대목에서 필자는 무릎을 쳤다. 그렇구나! 성체는 사람 심장 근육 조직, 곧 예수님 심장 근육인 것이구나. 바로 예수성심이로구나.

예수성심! 그분 사랑의 공급 장소 아닌가. 그러므로 우리가 주일날 성체를 모실 때마다 하느님 사랑이 '내' 안에 들어오는 것이다. 이를 통해 저절로 정화되고 착해지는 것이다. 우리 천주교 신자들, 착하다고 소문이 자자하지 않은가. 다 주님의 사랑을 모심으로써 가능해진 것이다.

얼마나 오묘한가. 이 책의 대주제인 '향주삼덕' 곧 '믿음', '희망', '사랑'이 결국 주님으로부터 자양분을 공급받아 영위되는 것이라니! 미사에서 말씀의 식탁과 빵의 식탁이 결국 '향주삼덕'의 에너지 공급원이라니! 주님의 돌보심은 이토록 오밀하시고 조밀하시고 세밀하시다.

다음으로, 우리는 육적인 양식도 먹고 살아야 한다. 예수님께서 이렇게 말씀하셨다.

"뭐 먹을까 뭐 마실까 뭐 입을까 이거 걱정하지 마라"(마태 6,31 참조).

이 말씀에는 "이건 구하지 마!"라고 되어 있지 않다. "걱정하지 마!"라고만 하셨다. 이는 무슨 말인가? "구하면 줄게"라는 뜻이다.

이에 아구르는 참으로 지혜롭게 기도하였다.

"제가 너무 가난해서 야훼 이름에 욕이 되게 하지 않게 해 주소서. 또 생활이 너무 엉망이 돼가지고 하느님 믿는다는 애가 어떻게 생활이 저 따위냐 이렇게 되게 하지도 마소서"(잠언 30,8-9 참조).

우리도 주님의 기도를 바칠 때 '오늘 저희에게 일용할 양식을' 하는 대목에서 정신 바짝 차렸다가 "아시죠? 주시죠!"라고 하면 되는 것이다. 필자 역시도 그렇게 기도한다.

그런데 이 때, 확실하게 하느님과 사인이 맞으려면 구체적으로 기도해야 한다. 안 그러면 응답을 주신다 하더라도 우리가 응답인 줄 모르게 되기 때문이다. 그리하여 또 감사를 떼먹게 되기 때문이다.

하느님께서는 절대로 애매하고 막연한 기도에다가 응답을 안 주신다. 몇 번 응답을 줘보셨는데 사람들이 만날 오리발만 내밀고 감사 떼먹고……. 손해 본 일이 한두 번이 아니시다.

"다시는 애매하게 기도한 데다 응답 주나 봐라!"

그렇다면 '구체적으로 기도한다'는 것은 무엇인가. 쉬운 예로, 어떤 사람이 "부자가 되게 해 주세요"라고 기도한다. 그런 기도는 백날 해야 소용

없다. 어디까지가 부자인지 애매한 것이다. 그럼 어떻게 해야 할까? 액수를 얘기하라는 것이다. 아파트 평수를 얘기하라는 것이다. 그러면 응답 받을 확률이 높아지는데, 그렇다 하여 반드시 받는다는 말은 아니다. 여기다 확률을 높이는 또 하나의 방법이 있다. 바로 '사용계획서'를 제출하는 것이다.

"이번에 이거 주시면 제가 잘 쓰겠습니다. 복음 전하는 데도 잘 쓰겠습니다. 불우이웃도 도와주겠습니다. 당신께서 원하시는 데다 팍팍 쓰겠습니다."

그 기도 들으시고 주님께서 주판 튕겨 보아 남는 장사인 것이 확실해질 때, 더 잘 주신다.

이처럼 좋은 일에 쓰겠다는 확실한 약속과 신용이 있어야 한다. 주님께는 "얘는 A등급, 쟤는 B등급, 그 애는 C등급……" 이미 다 계산되어 있으시다. 이 신용평가는 어떻게 이루어지는가? "이 사람은 과거에 감사를 몇 프로 했느냐?"가 엄정한 기준이 되는 것이다.

필자는 시간이 넉넉지 못한 악조건 속에서 기도하지만 이런 기도의 비밀을 알고 있기에 과분하게도, 좀 보태서 말하여 '입만 떼면' 주님께서 응답해 주시는 은총 속에서 산다.

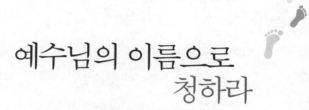

예수님의 이름으로
청하라

우리가 다 아는 주님의 기도 다음 대목은 지면관계상 일단 여기서 생략한다. 더 알고 싶은 이는 졸저 『통하는 기도』를 보라.

마지막으로 우리가 기도할 때 꼭 일부러 의식해야 할 것이 하나 있다. 바로 "예수 그리스도의 이름으로 비나이다"다.

예루살렘 성전 앞에서 베드로 사도는 앉은뱅이를 향해 이렇게 외쳤다.
"나자렛 예수 이름으로 명한다. 일어나 걸어라"(사도 3,6 참조).
그랬더니 많은 이들이 보는 현장에서 그가 일어서는 놀라운 기적이 일어났다.

'예수 그리스도'라는 이름 자체가 힘 있는 기도다. 딴 이름으로 빌어

봐야 소용없다.

이름은 얼마나 중요한 것인가.

빌 클린턴이 대통령이었을 당시, 한 언론인이 그를 인터뷰할 기회가 있었다. 어느 중학교에서 열리는 정치 집회에 참석해서 대통령의 서명이 들어 있는 편지를 경호원에게 전해 주라는 연락을 받고 그는 구름처럼 몰려든 다른 보도진과 더불어 포토라인 뒤에 서서 기다렸다. 기자들은 마이크를 손에 들고 앞다투어 큰소리로 질문을 퍼부었다.

"대통령 각하, 거기에 대해서 한 말씀만 해 주시죠!"

클린턴은 미소를 지으며 손을 흔들어주는 것으로 대답을 대신하고 리무진에 올라탔다. 그는 기자들 틈을 비집고 앞줄로 나가서 경호원을 찾았다. 편지 아래 적힌 이름을 확인한 경호원은 포토라인을 들추고 그를 리무진까지 안내해 주었다. 뒤에 남은 기자들이 툴툴거렸다.

"저 친구는 들어가는데 왜 우린 안 되는 거지?"

그는 대통령 이름이 들어 있는 편지를 가졌기 때문이었다.[6]

이처럼 통하는 '이름'만 붙들면 된다. 그러니 '예수님 이름'으로 기도하여 은혜 받는 우리가 되자.

넷.
믿음의 성장

믿음은 하나하나의 'case by case'로 믿는 것이 아니라, 통으로 믿는 것이라는 말씀이다. 한 사건에 대한 믿음이 아니라, 통으로 "안 믿는 이냐, 믿는 이냐"를 선택하는 것이다. 그래서 자신이 '믿는 이'가 되기로 선택하고 나면, 모든 것이 믿음의 눈으로 바라봐지는 것이다. 그리하여 이 믿음의 눈으로 보면, 다 축복이고 다 은총이고 다 행복이고 다 잘 된다. 반면 '안 믿는 이'의 눈으로 보면 다 불행이고 다 실패고 다 좌절이고 다 불평거리다.

잘 나가다 왜?

예수님께서 물 위를 걸으셨던 그 밤(마태 14,22-33 참조). 이 모습을 가만히 보고 있던 베드로 사도가 갑자기 동하였다. 베드로는 이런 엉뚱한 면이 있었다. 그래서 주님께 청한다.

"주님, 저한테 '오너라' 한 마디만 해 주십시오"(마태 14,28 참조).

이것이 바로 믿음이다. 베드로가 그냥 물 위를 걸을 수는 없다. 주님께서 말씀을 주셔야 그 레마rehma를 붙잡고 걸을 수 있는 것이다. 고로 '나'를 위해서 주님이 말씀하지 않으시면 어떤 일도 생기지 않는다.

그런데 예수님께서 딱 보니 "옳거니!" 드디어 베드로에게 믿음이 생겼다. 예수님께서 말씀하셨다.

"오너라"(마태 14,29).

이에 베드로가 홀린 듯이 물 위를 걷기 시작한다. 그런데 베드로가 가다 보니 갑자기 파도가 보이고 바람이 느껴진다. "아, 내가 물 위를 걷고 있네?"라는 생각이 든다. 그 순간 베드로는 물 속으로 풍덩 들어가고 말았다. 예수님을 바라보고 그분의 말씀을 붙들고 갈 때는 물 위를 걸었는데, 현실로 돌아오니 깜짝 놀라고 만 것이다.

예수님께서 야단을 치신다.

"이 믿음이 약한 자야, 왜 의심하였느냐?"(마태 14,31)

사실 이 말씀은 반은 야단이요 반은 칭찬이었다. 열한 제자들은 예수님이 걷는 것을 보고도 언감생심 걸을 욕심도 못 냈다. "예수님은 예수님이고 우리는 우리"라는 생각을 가졌던 것이다. 그런데 베드로가 "나도 걷게 해 주세요"라고 하자, 예수님도 신이 나셨던 것이다. "베드로, 장하다. 너 드디어 됐구나! 이제! 너 드디어 믿음을 가졌구나!"

이렇게 좋아하시다가 베드로가 빠지니까, "잘 나가다가 왜 그러냐?" 하고 아쉬워하셨던 것이다.

천하의 베드로에게도 들쭉날쭉인 것이 믿음이었다. 이는 또한 우리 믿음의 모습이기도 하다.

그렇다면 우리는 어떻게 해야 항구하고 튼튼하게 두 발로 서는 믿음을 살 수 있을까? 이 장에서 우리의 관심사는 "어떻게 해야 우리의 믿음이 성장하는가?"다.

그분에게서 그분께로: 성장의 이정표

믿음의 성장 단계를 얘기하기 전에 먼저 큰 그림을 보자.

아우구스티노 성인은 믿음에 대하여 멋들어지게 정의 내렸다.

"믿음이란 무엇인가? 하느님을Deum 믿고, 하느님에게Deo 믿고, 하느님께로in Deum 믿는 것이다."

라틴어를 아는 사람이라면 이 정의 하나로 믿음의 핵심을 간명하게 알아들을 수 있지만, 한국말로는 온전하게 번역될 수가 없는 것이 아쉬운 점이다.

하나하나 음미해 보면서 어렴풋이라도 그 깊은 뜻을 헤아려 보자.

우선, '하느님을'Deum 믿는다는 것은 믿음의 대상이 하느님이라는 뜻이다. 곧 하느님의 존재를 믿고, 하느님의 성품과 구원경륜을 믿는다는 사실을 뜻한다. 이는 우리가 상식적으로 생각하는 믿음을 가리키며, 앞에서 언급된 '아만'에 가까운 의미라 볼 수 있다.

그다음의 '하느님에게' Deo 믿는다는 말에 심오한 뜻이 서려 있다. 여기서 라틴어 'Deo'는 하느님을 뜻하는 명사 Deus의 3격 변화형으로서 영어로 "to God"에 해당한다. 직역하면 '하느님에게'가 되겠으나, 이는 전적으로 하느님의 초대와 인도하심을 전제로 한 표현이다. 즉 하느님께서 주도권을 가지시고 우리를 믿음으로 초대하셨기 때문에 우리가 '그분께로 향하여' 믿는다는 뜻이다. 결과적으로 이 표현은 믿음의 근원이 바로 하느님이라는 사실을 함축한다고 볼 수 있다. 한마디로 '하느님에게 믿는다'는 것은 "믿음은 하느님 초대에 대한 응답이다"라는 고전적인 신앙 정식定式과 일맥상통하는 표현이다.

마지막으로, '하느님께로'in Deum 믿는다는 것은 전적으로 하느님께 올인한다는 뜻이다. 여기에는 "나는 하느님을 온전히 신뢰하고 의탁한다", "내 희망을 하느님께 건다" 등의 고백이 담겨 있다. 이는 믿음의 궁극적인 목적이 다름 아닌 하느님 자신이라는 사실에 대한 촌철살인의 강변인 셈이다.

아우구스티노 성인은 이처럼 격변화가 뚜렷한 라틴어의 특성에 기대어 믿음의 정수를 밝히 드러냈다. 그런데 그가 그럴 수 있었던 것은 전적으로 신구약 성경에 나타난, 하느님의 명징한 계시 덕이었다. 그리스도교의 믿음이 명쾌한 것은 그리스도교가 '계시종교'이기 때문이다.

계시종교는 아우구스티노의 신앙 정식에서처럼 믿음의 대상, 방향, 그리고 목적을 분명히 알고 있다.

사도 바오로는 객관적 계시에 입각하지 않은 종교의 한계를 선명하게 보았고 이를 안타깝게 여겼다. 그는 그리스 선교여행 도중 아직 미몽에 빠져 있는 아테네 시민에게 이렇게 복음을 전하였다.

"아테네 시민 여러분, 내가 보기에 여러분은 모든 면에서 대단한 종교심을 가지고 있습니다. 내가 돌아다니며 여러분의 예배소들을 살펴보다가, **'알지 못하는 신에게'**라고 새겨진 제단도 보았습니다. **여러분이 알지도 못하고 숭배하는 그 대상을 내가 여러분에게 선포하려고 합니다.** 세상과 그 안에 있는 모든 것을 만드신 하느님은 하늘과 땅의 주님으로서, 사람의 손으로 지은 신전에는 살지 않으십니다. 또 무엇이 부족하기라도 한 것처럼 사람들의 손으로 섬김을 받지도 않으십니다. 하느님은 오히려 모든 이에게 생명과 숨과 모든 것을 주시는 분이십니다"(사도 17,22-25).

'알지 못하는 신'을 믿는 믿음! 얼마나 답답한 노릇인가.

반면, 우리는 지금 얼마나 행복한가. 아주 '명명백백하게 아는 신'을 믿고 있으니 말이다.

이야기는 여기서 그치지 않는다. 우리가 믿는 하느님은 우리가 그 이름도 알고 성품도 알고 있지만, 보이지 않고 들리지 않고 만져지지 않기는 다른 종교에서와 같이 매한가지였다. '답답한' 하느님이시기는 별반 차이가 없었다. 그러기에 이 하느님께서 전대미문의 용단을 내리셨다. 그분은 "니네들이 그렇게 나를 보고 싶으냐? 그럼 내가 사람이 되어 주랴?", 이래서 사람이 되시어 우리 곁으로 오셨다. 바로 예수 그리스도를 통해서 말이다.

"어떻게 당신이 하느님이십니까?" 사람들이 예수님께 물었다.

"어떻게 그가 하느님인가?" 오늘도 사람들은 묻는다.

예수님의 일거수일투족을 보면 여실히 드러난다. 그분의 기적, 그분의 행적, 그분의 말씀을 보면, 그것들은 사람으로서는 할 수 없는 기적임을 인정하게 된다. 눈이 번쩍번쩍 똥그래질 만큼 놀랄 일들을 보고도, '그는 한낱 인간일 뿐이다'라고 주장한다면 그야말로 어처구니없는 억지가 아닐 수 없다.

부활은 어떤가? 인간은 이 세상에서 부활하지 않는다. 그런데 예수님은 사흘 만에 부활하시어 다시 우리에게 오셨다. 죽이고 살리는 것, 사람이 할 수 있는 일인가? 못한다. 그걸 예수님께서 하셨다.

그러니 어찌 우리가 의심을 가질 수 있겠는가. 참으로 우리는 예수님을 믿을 수밖에 없는 것이다.

요약해 보자. 하느님께서는 우리를 믿음으로 초대해 주시고 믿음을 통해 누릴 수 있는 은총을 더욱 풍요롭게 마련해 주신다. 그러기에 우리의 믿음이 성장할수록 우리가 누리는 은총도 또한 더욱 충만해지는 것이다.

성장의 첫걸음,
기억하라

　믿음이 성장하는 첫 번째 방법은, "기억하라!"다. 이는 신명기에 나오는 처방이다. 가나안 땅을 목전에 둔 모세는 젊은 2세대인들에게 고별 설교를 한다. 그때 그가 제일 많이 사용한 두 단어가 있다.

　첫째, "잊지 말라"다. 무엇을 잊지 말라는 것인가? 이집트 탈출 1세대인 '너희' 부모들이 지난 40년간 무슨 체험을 했는지 "잊지 말라"는 것이다. 실수하고 잘못한 일을 잊지 말고, 하느님께서 돌보아주신 은혜와 기적도 잊지 말라는 말이다.

　둘째, "기억하라"다. 모세는 "잊지 말라"는 말을 뒤집어 "기억하라"고 하였다. "너희 조상들이 이집트에서 종살이했던 때를 기억하라." 이런 말이다. 나아가 그 때 야훼께서 어떻게 구해 주셨는지를 기억하라는 것이다.

　지난날 '나'의 삶 고비고비를 동반해 주신 주님을 잊지 않고 기억하면 저절로 믿음이 자라난다. 필자는 걸핏하면 찾아오는 고비 때마다 주님께서

건져주셨다. 차마 다 나열하기도 힘들 정도다. 중요한 건, 필자가 그렇게 주님께 힘 받을 때마다 감사를 '잊지 않는다'는 것이다. 그러면 더 감사할 일이 생긴다. 앞서 감사의 선순환을 말하지 않았는가. 바로 필자의 몸소 체험에서 나온 것이다.

실제로 이스라엘 백성들도 이렇게 고백한다.

"저희 조상은 떠돌아다니는 아람인이었습니다"(신명 26,5).

이 말씀은 곧 "우리 조상은 떨거지였어요"라는 고백과 같다. 이는 전적으로 믿음이 있는 사람들의 고백이다. 바로 "우리 조상은 부족한 조상이고 나는 혈통도 별로 안 좋고 다 안 좋은데 하느님 은총으로 이렇게 풍요롭게 받았다"는 신앙 간증인 셈이다. 이처럼 우리가 이미 받은 은혜에 대해 기억할 때 믿음이 성장한다.

우리의 믿음은 왜 줄어드는가? 기억을 안 하니까 줄어드는 것이다! 우리는 항상 첫 마음을 기억해야 한다. 그리고 중간 중간 기도 응답 받은 것들을 다 기억해야 한다.

"아, 그때 그러셨지, 죽는다고 난리쳤었는데 살려주셨지. 돈 없어 아등바등 할 때 주님께서 돈도 꿔주셨지."

이렇듯 지난날 하느님의 사랑과 은총을 기억하면 믿음이 성장할 수밖에 없다.

예수님께서는 제자들과의 마지막 만찬 때 이렇게 말씀하셨다.

"너희는 나를 기억하여 이를 행하여라"(루카 22,19).

예수님은 왜 "나를 기억하라"고 말씀하셨을까? 바로 이런 뜻이다.

"나를 기억해서 이 예를 행해라. 그래야 너희가 바르게 살 수가 있고, 힘을 받아 바로 설 수가 있다."

예수님은 우리의 믿음을 유지시키기 위해서 저 말씀을 주신 것이다. 우리가 거듭 주님의 십자가를 기억하며 성체를 모실 때, 주님께서 이루신 모든 구원업적이 우리 기억에서 되살아나 다시 새로이 역사하실 것이라는 믿음이 생길 것을 주님께서는 통찰하셨던 것이다.

지금이라도 고백하자.

"주님, 지금 제가 누리고 있는 안전, 직책, 그리고 과분한 사랑, 모두가 주님께서 제게 이루신 업적이옵니다."

필자가 공을 들이고 있는 〈선교훈련 시그마코스〉라는 2박3일 선교훈련 프로그램이 있다. 강의 후, 관심을 갖고 지켜보는 과정이 하나 있는데 바로 '은총체험'을 확인하는 시간이다. 참가자들이 자기 인생을 처음부터 다 뒤져서 그동안 받은 은총을 종이에 적은 뒤 마이크를 돌리면서 조별로 대표를 정하여 차례대로 얘기하게 하는데, 들어 보면 별별 체험들이 다 있다. "문제를 해결해 주셨어요. 평화를 주셨어요. 행복도 주시고 능력도 주셨어요. ……."

보통 천주교 신자들은 이런 이야기를 잘 하지 않는 터라 체험도 많지 않을 줄로만 생각했었는데 웬 걸, 말하는 제한시간이 1분인데도 그 많은 사람들이 마이크만 잡으면 5분이고 10분이고 놓을 생각을 안 한다. 그 모습을 볼 때마다 필자는 느낀다.

  "아, 하느님은 살아계시는구나. 모든 사람이 체험하는 하느님이시구나!"

  내게 주신 하느님의 은총은 무엇인가? 매 순간 과거 은총을 기억하자. 믿음이 날로 자라날 것이다. 또한 과거의 은총을 잊지 않는 사람이 미래의 축복을 받게 되어 있다.

성장의 두 번째 걸음,
들어라

믿음이 성장하는 두 번째 방법은, "들어라!"다.

바오로 사도는 말한다.

"믿음은 들음에서 오고 들음은 그리스도의 말씀으로 이루어집니다"(로마 10,17).

믿음은 들음에서 온다. 성경을 읽고, 신앙 체험담을 자꾸 들으면 믿음이 저절로 생긴다.

"아, 극적으로 하느님이 역사하시는구나. 죽은 자도 살려내시는구나. 망한 자도 일으켜 세우시고, 끝난 사람도 새로운 시작을 주시는구나. 와, 원더풀! 할렐루야, 아멘!"

이렇게 하느님 말씀을 듣다 보면 반드시 '나'를 위해 건네시는 말씀인 '레마'를 만난다. 사실 이런 의문이 들 수도 있을 것이다. "세상 사람들이 이렇게나 많은데 설마 나한테만 따로 말씀을 주시겠어?"

사실 그 많은 사람을 일대일로 상대한다는 것이 얼마나 어려운 일인가. 필자만 해도 그렇다. 강의할 때 한 사람 한 사람을 헤아려 드리기 쉽지 않다. 마음은 그렇지 않은데, 벌써 각자의 이름도 모르고 사정도 모르지 않는가. 한계가 있다.

하지만 우리 하느님은 인류 전체를 통째로 상대하지 않으신다. 각자 한 사람 한 사람씩을 상대하시어 '나'를 위해서만 따로 말씀을 준비하신다. 이것이 하느님 사랑이다.

하느님의 사랑은 구체적이다. "나는 너희들을 사랑한다"라고 말씀하시는 게 아니라 "데레사, 내가 너 사랑해. 마리아, 내가 너 사랑해. 요한, 내가 너 사랑해……"라고 말씀하신다.

일대일 사랑이시다. 그러니 성경을 읽다가 감동이 오는 말씀이 있다면, 그 말씀을 붙들고 힘내서 살 줄 알아야 한다. 그게 바로 주님께서 '나'에게만 건네시는 말씀이며 이 또한 믿음이다.

성장의 세 번째 걸음, '믿는 이'가 되라

믿음이 성장하는 세 번째 방법은, "믿는 이가 되라!"다.

기억하고, 들었다면, 이제 실행에 옮겨서 믿는 이가 되어야 한다.

'믿는 이'라는 말에는 심오한 의미가 담겨 있다. 필자가 그 뜻을 알아들은 것은 부활 2주 복음을 묵상할 때였다.

예수님께서 돌아가신 후 제자들이 다락방에 모여 있을 때, 나타나셔서 말씀하셨다. "샬롬! 평화가 너희와 함께!" (루카 24,36 참조)

이렇게 이르시고 나서 다시 말씀하셨다. "성령을 받아라. 너희가 누구의 죄든지 용서해 주면 그가 용서를 받을 것이고, 그대로 두면 그대로 남아 있을 것이다" (요한 20,22-23).

그런데 이때 제자들 중에 토마스는 없었다. 후에 제자들이 토마스에게 알렸다. "예수님께서 부활하셨어, 당신 없을 때 예수님께서 나타나셔서 우리에게 말씀을 주셨어."

하지만 토마스는 믿지 못했다. "나 못 믿어. 나는 창에 찔린 예수님 옆구리, 손바닥에 난 못 자국 만져보고, 손으로 넣어봐야 믿을 수 있어."

토마스가 기본적으로 의심을 하였던 건 사실이지만, 그가 이렇게 말한 데에는 다른 이유도 섞여 있었다. 바로 삐쳤기 때문이었다.

"왜 나 없을 때 나타나시냐고, 왜? 왜! 이건 무효야. 나 있을 때 다시 나타나셔야 해. 예수님 너무 섭섭해!"

이 마음을 저렇게 "못 믿겠다"고 표현했던 것이다. 예수님은 토마스의 이런 마음을 알고 계셨다. 그래서 다시 한 번 토마스에게 나타나셔서 말씀하신다.

"네 손가락을 여기 대 보고 내 손을 보아라. 네 손을 뻗어 내 옆구리에 넣어 보아라. 그리고 의심을 버리고 믿어라"(요한 20,27).

바로 여기, 이 대목을 주의해서 묵상을 잘 해야 한다. 분명 예수님은 다른 제자들과 토마스가 함께 있는 자리에 나타나셨다. 그런데 이 대목에서 진행되는 대화를 보면 마치 혼자 있는 토마스에게 예수님이 나타나신 듯하다. 바로 이런 분이 예수님이시다. 예수님은 일대일로 상대해 주시는 분인 것이다.

그런데 필자가 이 대목을 아무리 묵상해 봐도 은혜가 되지 않는 부분이 있었다. "의심을 버리고 믿어라" 하시는 말씀이었다.

누가 의심을 버려야 하는 줄 몰라서 못 버리는가. 안 되니까 못하는 것이다. 의심이 있는 성격을 가진 사람한테 의심을 하지 말라니. 이건 평소 예수님께서 쓰시는 말투가 아니다. 분명 예수님은 그 정도 차원의 말씀을 하시고 마실 분이 아니시다. 그래서 복음서 원문을 확인해 봤더니, 아니나 다를까 문장이 달랐다.

원문에는 이렇게 되어 있었다.

"토마스야, 아피스토스apistos가 되지 말고 피스토스pistos가 되어라."

여기서 아피스토스는 '안 믿는 이'란 뜻이고, 피스토스는 '믿는 이'란 뜻이다. 즉, 안 믿는 이가 되지 말고 믿는 이가 되라는 말씀이셨던 것이다.

"옳거니!" 필자는 여기서 무릎을 탁 쳤다.

"그래 이 말씀이셨구나. 나는 이제 2010년 농사 다 지었다. 이 말씀 하나 가지고 일 년 먹고 살겠구나."

무슨 뜻인가. 믿음은 하나하나의 'case by case'로 믿는 것이 아니라, 통으로 믿는 것이라는 말씀이다. 한 사건에 대한 믿음이 아니라, 통으로 "안 믿는 이냐, 믿는 이냐"를 선택하는 것이다. 그래서 자신이 '믿는 이'가 되기로 선택하고 나면, 모든 것이 믿음의 눈으로 바라봐지는 것이다. 그리하여 이 믿음의 눈으로 보면, 다 축복이고 다 은총이고 다 행복이고 다 잘 된다. 반면 '안 믿는 이'의 눈으로 보면 다 불행이고 다 실패고 다 좌절이고 다 불평거리다.

　이를 세상 사람들을 통해 보면 쉽게 알 수 있다. 사람들은 일어나는 일에 대해 객관적인 근거를 갖고 판단하여 반응하지 않는다. 이미 그 사람의 태도에서 결정이 되어 반응이 나온다. 그래서 아무리 맛있는 음식을 먹어도 평소 불평불만을 일삼는 사람은 꼭 거기에서 빈 부분을 찾아낸다. "오늘은 다 좋은데 좀 짜네……." 이런 식으로 말이다. 아무리 좋은 일이 일어나도 거기에서 항상 아쉬움을 찾아내는 것이다.

　반면, 믿음의 태도를 가진 사람은 안 좋은 일이 생겨도, 그것을 믿음의 눈으로 보아 좋은 일이 일어날 징조로 여긴다.

감사합니다~

아피스토스

피스토스

핵심은 무엇인가. 믿음은 결코 하나하나 사건에 달린 사안이 아니라, 일상의 사건을 바라보는 총체적인 안목이라는 것이다. 그 총체적인 안목이 '믿는 이'와 '안 믿는 이'를 결정짓는다는 가르침이었던 것이다.

예수님의 이 심오한 일침을 토마스는 단박에 알아차렸다. 그리하여 그는 그가 드릴 수 있는 최고의 선언을 바친다.

"나의 주님, 나의 하느님!"(요한 20,28 참조)

이것이 믿음의 경지다. 이 두 마디로 그는 '믿는 이'의 반열에 당당히 이름을 올릴 수 있었던 것이다.

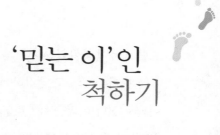

'믿는 이'인
척하기

　그렇다면, '믿는 이'가 되려면 어떻게 해야 할까. 아리스토텔레스는 우리에게 명쾌한 답을 준다.

　"용기 있는 자가 되고 싶으냐. 그러면 용기 있는 자처럼 행동하라."

　이 말은 그대로 믿음에도 적용된다.

　"믿는 이가 되고 싶으냐. 그러면 믿음이 있는 척하라."

　이제 남는 문제는 '어떻게'다. 여기서는 다섯 가지 방법만 예시해 본다.

　첫째, '믿는 이'는 믿음의 선언을 한다.

　먼저 말로써 믿음을 치고 가는 것이다. 천주교 신자들은 누가 "성당 좀 다니셨는데 요즘 믿음이 어떠십니까" 하고 물어 보면 이렇게들 답한다. "제가 워낙 부족해서요……."

　이러면 안 된다. 믿음이 성장한 건 죄가 아니다. 당당히 말하라. "제가 요즘 믿음이 좋아졌습니다!"

물론 아직 스스로 생각하기에 "믿음이 좋아지지 않았는데 어떻게 믿음이 좋아졌다고 말을 해?"라고 생각하는 이들도 있을 것이다. 하지만 일단 "믿음이 좋아졌다"고 크게 떠벌리고 다녀보자. 좋아졌다고 얘기하면 좋아지게 되어 있다. 믿음뿐만이 아니다. 뭐든 그렇다.

"요새 행복하십니까?" 이 질문을 받은 대부분의 사람들은 스스로 확인 점검할 것이다. "내가 요즘 행복한가?" 그 다음엔 쭈뼛쭈뼛 영 대답도 시원찮다.

"하느님 은혜 많이 받으셨습니까?"라는 질문에도 이렇게 답하기 일쑤다.

"뭐, 쬐끔……."

이렇게 대답하면 하느님께서 위에서 내려다보고 계시다가 아마 이렇게 말씀하시지 않을까.

"그게 왜 쬐끔이야? 내가 얼마나 많이 줬는데? 하늘땅만큼 받지 않았느냐?"

미적거리는 대답을 하느님께서는 좋아하시지 않는다.

하느님께서는 우리에게 약속해 주셨다.

"너희가 내 귀에 대고 한 말에 따라, 내가 반드시 너희에게 그대로 해 주겠다"(민수 14,28).

이것이 믿음의 선언을 하는 사람이 받는 은혜다. 그러니 믿음을 믿자!

로마 백인대장은 자기 종이 병에 걸리자 예수님께로 와 청한다(마태

8,5-13 참조).

"예수님, 제 종이 지금 병을 앓고 있습니다. 치유해 주십시오."

예수님께서는 "어, 그래. 내가 지금 가서 안수해 줄게" 하신다. 하지만 백인대장은 이렇게 말한다.

"주님, 오시지 마세요. 저는 주님을 제 지붕 아래로 모실 자격이 없습니다. 저희 집은 누추하고 준비도 안 되어 있습니다. 그저 한 말씀만 해 주십시오. 그러면 제 종이 나을 것입니다"(마태 8,7-8 참조).

그의 놀라운 믿음에 예수님은 이렇게 말씀하신다.

"내가 진실로 너희에게 말한다. 나는 이스라엘의 그 누구에게서도 이런 믿음을 본 일이 없다. […] 가거라. 네가 믿은 대로 될 것이다"(마태 8,10.13).

바로 그 시간 종은 나았다.

이렇듯, 주님께선 입술로 믿음을 고백한 사람의 소원을 이루어주신다. 고백하지 않으면, 그 사람의 동의가 없으면, 기적은 일어나지 않는 법이다.

사실 은혜는 굉장히 공평하다. 하늘에서 내리는 비는 모두에게 공평하지만, 그 비를 얼마만큼 받아내느냐는 각자가 준비한 그릇만큼에 따라 다르다. 준비한 믿음의 그릇만큼, 곧 '내' 그릇이 작게 준비되어 있으면 작게 채워지는 법이고, '내' 그릇이 크게 준비되어 있으면 그만큼 다 채워지는 것이다. '내'가 구하는 대로 '내'가 청하는 대로 '내'가 믿는 대로 '내'가 고백하는 대로 이루어지는 것이 믿음이다.

그러기에 좀 과장된 표현이지만, 필자는 요즘 신자들에게 뻥 좀 치고 다닐 것을 권한다. 믿음의 뻥 말이다.

"두고 봐! 우리 집이 잘 되는지 안 되는지. 내가 성당 다니기 때문에 잘 되게 돼 있어. 예수님 믿기 때문에 잘 될 거야. 두고 보라구."

아마 이런 얘기하고 다니면, 그날 밤 주님께서 꿈에 나타나셔서 이렇게 말씀하실지도 모를 일이다.

"너, 왜 그렇게 큰소리를 쳤느냐?"

그럴 때를 대비해서 미리 답을 연습해 둘 일이다. 이렇게.

"이건 제 믿음이에요!"

이에 주님께서는 감탄하시어 이렇게 말씀하시지 않을까.

"네 믿음대로 될지어다."

우리가 큰소리를 못 치는 것은 아직 믿음이 없기 때문이다. 믿음이 부족하기 때문이다.

필자도 믿음의 허풍을 많이 치고 다닌 사람 중에 하나다. 그렇게 큰소리 쳤던 것은 대부분 이루어졌다. 물론 안 이루어진 것도 있다. 하지만 누가 뒤따라 다니면서 이루어졌는지 안 이루어졌는지 일일이 조사하지 않으니 그것도 사실 염려할 일이 아니다. 그러니 마음 놓고 사람들한테 큰소리치시라.

"두고 봐. 우리 애가 잘 되는지 안 되는지."

"두고 봐. 우리 남편이 잘 풀리는지 안 풀리는지."

"두고 봐. 우리 집안이 일어나는지 안 일어나는지."

한 가지, 이보다 더 큰 믿음은 앞서 언급했듯이 과거형으로 믿는 것이다. 우리가 기도할 때 '이미' 받은 줄로 믿으면 그대로 된다. 그러기에 "응답 받을 거야"가 아니라 "이미 응답 받았어. 아직 현물이 배달이 안 된 것뿐 야. 결재는 났는데 택배로 오는 중이야"라는 믿음을 가질 때 더 풍족한 은 혜가 넘쳐나는 것이다.

그러니 매 순간 과거형으로 고백하라.

둘째, 믿는 이는 항상 감사 드린다.

믿음의 사람 입에서는 감사가 떨어지질 않는다. "할렐루야", "아멘"이 항상 따라다닌다. 안 좋은 일이 생겨도 "감사합니다", 궂은일이 생겨도 "감사합니다", 억울한 일이 생겨도 "감사합니다", 눈물 나는 일이 생겨도 "감사합니다", 그저 "주님 감사합니다. 찬양합니다"라고 말하는 것이다.

입술로만 감사드리는 것은 아직 반쪽 감사에도 못 미친다. 감사하는 마음을 보여드릴 줄 알아야 한다. 그것이 봉헌이다.

믿음을 다른 말로 '신심'이라고 표현하기도 한다. 신심은 영어로 'devotion'이며 이는 믿음을 가리키는 영어 'faith'와 다르다. 'faith'가 어떤 대상을 믿는 것이라면, 'devotion'은 자기 자신을 봉헌하는 것이다.

이 봉헌이라는 말, "나를 바친다", "봉헌한다"라는 말도 믿음의 한 모양새다. 이 봉헌에는 그야말로 믿음와 감사가 한꺼번에 반영되어 있다.

필자가 여러 성당을 다니다 보니, 법칙 하나를 알게 됐다. 아무리 믿음이 좋다고 큰소리쳐도 헌금, 교무금 내는 것을 보면 그 사람의 믿음의 척도가 보인다. 그래서 필자가 본당에 부임한다면, '누가 믿음이 제일 좋나?' 하며 교무금 조사를 먼저 하겠다. 물론 농담이다.

헌금, 봉헌금, 십일조, 이것은 결코 돈이 아니다. 이것은 우리의 믿음이며 감사다.

셋째, 믿는 이는 스스로 청한 것을 들어준다.

아우구스티노 성인은 말한다.

"당신이 청하는 것을 당신 스스로 들어주기 시작하십시오."[1]

청했으면 행동으로 옮기라는 말이다. "감 주세요"라고 청했으면, 감나무 밑에 가서 감 떨어지길 기다리지 말고 직접 감 따는 행동으로 옮기라는 것이다.

모세는 뒤에는 파라오 군대, 앞에는 갈대 바다에 가로막혀 궁지에 몰렸을 때 하느님께 부르짖었다. 그런데 하느님은 모세의 기도를 응답해 주시지 않고 야단치셨다.

"모세, 너는 어쩌자고 부르짖기만 하느냐? 진군을 시켜, 그리고 너 지팡이를 펼쳐, 그러면 좋은 일이 일어날 거야"(탈출 14,15-16 참조).

이는 한마디로 "행동으로 들어가"라는 말이었다.

이처럼 기도했으면 이미 응답 받은 줄 알고 행동으로 들어갈 줄 알아야 한다. 임신을 원하는 이들은 애기 옷, 신발, 기저귀 같은 거 사러 다니고, 결혼하기 원하는 이들은 혼수, 신혼집 이런 거 구하러 다녀보라. 반드시 행동한 대로 이루어질 것이다.

만일, "나는 아직 이런 믿음이 없는데" 하는 생각이 든다면, 일단 믿음이 있는 듯 행동해 보자. 그 믿음으로 마치 이루어진 듯이 행동해 보자. 그러면 반드시 이루어진다. 마치 이루어진 것처럼 들이밀면, 저절로 된다.

믿음이 있는 척 행동하고, 희망이 있는 척 행동하고, 사랑이 있는 척 행동해 보자. 그 순간이 바로 기적의 순간이 될 것이다.

희망

하나.
희망의 기초

희망이 무엇인가? 닻이다. 희망은 그냥 달려가는 내비게이션이 아니다. 내비게이
션은 가다가 딴 데로 갈 수도, 엉뚱한 데로 갈 수도 있다. 그렇다면 닻은 뭔가? 닻은
이미 하늘 나라에 박혀 있다. 처음 우리는 원어 풀이를 하며 '희망'이 '밧줄'이라
했다. 희망이 밧줄이라면, 이제 우리가 할 일은 무엇인가? 줄을 잡아당기기만 하면
되는 것이다. 하여간 방향은 모른다. 그런데 눈 감고 당겨도 닻이 이미 박혀 있기
에 상관없다. 우리의 희망은 이런 것이다. 기막힌 우리 희망의 축복이다.

천상의 밀어

성경의 원어는 하느님께서 당신 백성과 소통하기 위하여 택하신 언어다.
그러기에 가히 '천상의 밀어'라 이름 붙여도 좋을 것이다.
이 언어를 익혀두면 영성적으로도 실존적으로도 큰 도움이 될 것이다.
어쩌면 막다른 골목에 처했을 때 한 줄기 동아밧줄이 될 수 있으리라.
이 천상의 밀어로 자신의 '희망'을 풍요롭게 가꾸어 보자.

『신곡』의 저자 단테는 지옥의 입구에 어떤 간판이 걸려 있을까 하고 상상했다. 그는 이런 글이 적혀 있을 것이라고 기발하게 착상했다.

"일체의 희망을 버려라."

이 말은 지옥의 적확한 정의이면서, 동시에 희망이 없는 현실을 극적으로 표현해 주는 경종이다. 더 이상 희망이 없는 곳이 바로 지옥인 것이다. 그렇다면, 희망이 넘치는 곳, 그곳이 바로 천국 곧 파라다이스라는 얘기가 된다.

베드로 사도는 말한다.

"여러분이 지닌 희망에 관하여 누가 물어도 대답할 수 있도록 언제나 준비해 두십시오"(1베드 3,15).

이는 그리스도인의 정체성을 규정해 주는 말이기도 하다. 그리스도교는 한마디로 희망의 종교다. 그리고 그리스도인은 '희망의 사람들'이다.

성당 다니는 신자들에게 주위 사람들이 이렇게 물어볼 때가 있을 것이다.

"당신, 성당 왜 다녀?"

이 물음은 우리의 희망을 묻는 물음이다. "당신네들, 뭘 희망하기에 성당에 다니는 거요?"라는 질문과 진배없다.

우리는 이 물음에 각자 어떻게 대답하고 있는가? 베드로 사도의 권고대로 우리는 누가 물어도 대답할 수 있도록 우리의 희망을 갈무리하고 언어화할 줄 알아야 한다.

'희망'을 나타내는 대표적인 히브리어로 티그바tikvah와 야할yachal이 있다.

티그바tikvah는 희망을 뜻하는 제일 기초적인 단어로, 원래 '밧줄'을 뜻했다. 이 단어가 왜 '희망'이란 단어로 바뀌었을까? 우리의 경우를 먼저 생각해 보자. 궁지에 몰렸을 때 사람들은 이렇게 말한다. "지푸라기라도 잡는 심정으로⋯⋯." 옛 동화 중에는 어려움에 처해 '동아 밧줄이라도 내려 주세요'라고 하늘에 기도하는 이야기도 있다. 절망한 사람에게는 흔히 이런 위로의 말을 건네기도 한다. "희망의 끈을 놓지 마세요."

이런 것들을 보면 당시 이스라엘은 우리와 비슷한 문화적 배경을 갖고 있었던 듯하다. 그네들이나 우리나 '희망'을 상징하는 표상으로 '밧줄'을 연상하였으니 말이다. 희망은 이렇게 붙잡고 늘어지는 것이다.

야할

티그바

야할yachal은 '희망하다'를 뜻하는 동사인데 내용적으로는 몸부림치는 희망을 가리킨다. 이 희망은 어려운 상황에서 뭔가를 붙들고 인내하면서 그것이 꼭 이뤄지기를 바라는 마음을 뜻한다. 예를 들면 다음 문장에서 '희망하네'가 바로 야할의 번역어에 해당한다.

"내 고통과 내 불안을 생각함은 쓴흰쑥과 독초와 같은데도 내 영혼은 생각을 거듭하며 안에서 녹아 내리네. 하지만 이것을 내 마음에 새겨 나는 **희망**하네"(애가 3,19-21).

희망은 이런 것이다. 쉬울 때 희망하면 싱겁다. 어려울 때 억지로 희망하는 것, 그것이 진짜 희망이다.

세간에서는 요즈음 필자를 '희망 전도사'로 부른다. '인생 해설가', '무지개 신부'라는 별명에 또 하나의 별칭이 생겼다. 이 이름에 걸맞게 필자는 현대인에게 의도적으로 희망을 말해 준다. 필자의 희망 철학 요지는 이렇다.

"희망, 그것이 우리가 아무것도 희망할 수 없을 때 잡을 수 있는 유일한 희망입니다. 그러니 아무거나 붙잡고 희망이라고 우기세요!"

고백하거니와 이 통찰은 성경의 원어에 담겨 있는 저 희망 영성에서 빌려 왔다.

신약에서는 이 희망을 그리스어 엘피스elpis로 번역하여 표기하고 있는데 단어의 역동성은 구약의 단어들보다는 덜한 느낌이다. 하지만 내용적으로는 훨씬 풍요로워졌다.

희망의
숨은 힘

본격적으로 희망의 내용을 말하기 전에 희망이라는 현상에 대해 잠깐 주목해 보자.

희망은 숨은 힘을 지니고 있다. 이를 필자는 졸저 『뿌리 깊은 희망』에서 '희망 다이내믹'이라는 말로 풀었다.

"희망이야말로 절망을 이겨내는 유일한 대안이며, 실패를 딛고 일어설 수 있게 해 주는 최후의 보루다. 더 이상 비상구를 찾을 수 없는 극단적인 궁지에 몰린 나폴레옹은 말했다.

'나에게는 아직도 비장의 무기가 남아 있다. 그것은 희망이다.'

그렇다. 희망은 피할 수 없는 생존의 싸움에서 우리에게 남아 있는 마지막 가능성이다.

그러기에 낙심하거나 좌절해 있을 때, 희망을 붙잡는 것 자체가 가장 큰

119

희망이 된다.”

　글자 그대로 다 사실이다. 희망은 그 자체로 다이내믹을 가지고 있다. 무슨 말인가? 희망이 본디 힘을 지니고 있다는 얘기다. 즉 우리가 다른 데서 힘을 얻는 게 아니라 희망 덩어리에서 힘을 얻는다는 것이다. 놀랍지 않은가. 그동안 우리는 생각을 잘못했다. 절망의 상황에서 희망할 건더기만 자꾸 찾아 댔다. 그런데 절망의 상황에서는 우리가 희망할 근거가 없다. 그때는 희망의 힘으로 가야 하는 것이다.

　희망이 그 자체로 다이내믹을 지니고 있다면, 절망 역시 마찬가지다.

　영국과 남아프리카의 네덜란드 이주민들 사이에 벌어진 보어 전쟁이 한창일 때였다. 남아프리카의 한 병사가 기소되었다. 죄명은 ‘낙심죄’였다.

　그는 남아프리카의 ‘레이디스미스’라는 작은 마을이 영국의 침공을 받았을 때, 마을을 방어 중인 병사들의 대열을 돌아다니며 온갖 부정적인 정보와 불평과 원망을 늘어놓았다. 적들의 힘이 얼마나 큰지, 적들의 공격을 막는 게 얼마나 어려운지, 영국군이 얼마나 많은 나라를 점령하고 전과를 올렸는지에 대해 말하면서, 그 마을이 함락될 수밖에 없는 이유들을 떠들어 댔다.

　그는 총 하나 사용하지 않고 그 마을을 공격한 것이다. 아니 그의 말은 총보다 더 강력한 위력을 가진 무기였다. 사람을 낙심시키는 것보다 더 효과적인 무기가 있을까.[1]

　남 얘기가 아니다. 오늘날 우리 주변에도 낙심죄로 감옥에 가야 하는 사람이 많다.

"아이고 죽겠어, 아이고 죽겠어" 하는 이들, 생각을 고쳐먹어야 한다.

반면에 희망은 그 자체로 힘을 발산한다. 세계적인 임상심리학자로 알려진 브리즈니츠 박사가 한번은 다음과 같은 실험을 진행했다.[2]

이스라엘 육군의 훈련병들을 네 개 조로 나누어 완전군장을 하고 20km를 행군시키는데, 각 조마다 조건을 달리하였다. 1조에는 행군할 때 도착거리를 미리 예고하고 5km마다 매번 앞으로의 남은 거리를 알려주었다. 2조에는 '지금부터 먼 거리를 행군한다'라고만 말했다. 3조와 4조에는 각각 행군할 거리를 제공하고, 도중에 거리를 더 늘리거나 단축한다고 말했다.

이 실험을 통해 브리즈니츠 박사는 병사들이 '처한 상황에 따라 받는 사기와 스트레스의 관계'를 다음과 같이 보고하였다.

곧 20km라는 정확한 거리와 중간 중간 남은 지점을 알고 행군한 1조가 가장 사기가 높은 동시에 가장 적은 스트레스를 받았다. 반면 행군거리를 전혀 모르고 간 2조가 가장 사기가 떨어짐과 동시에 스트레스도 제일 많이 받은 것으로 드러났다.

종합해 보면 '인간에게 편안함이나 어려움보다 희망과 절망이 중요한 문제며, 인간이 가장 큰 스트레스를 받을 때는 어려울 때가 아니라 희망이 없을 때'라는 얘기가 된다.

결국 목표를 알고 희망을 가지고 살면, 난관도 난관이 아니다. 반면 목표도 모르고 희망도 없이 살면, 똑같은 난관이 스트레스를 꽉 준다. "아우,

이놈의 스트레스!"라는 말을 입에 달고 다니는 이들은 그것이 결국 목표와 희망이 없기 때문임을 깨달아야 한다. 직장에서도 마찬가지다. 목표가 부족한 사람이 스트레스를 받는 법이다.

필자는 건강한 몸이 아님에도 불구하고, 연구할 때 어떤 때는 책상에 한 번 앉으면 열 시간이 넘게 시간 가는 줄 모르고 몰두하곤 한다. 시간이 한참 지난 다음에야 "벌써 밥 두 끼나 굶었네" 할 때가 있다.

밥 굶는 데는 명수인 필자는, 이 또한 주님께서 필자에게 주신 은혜라 생각한다. 걸핏하면 굶기 일쑨데 배가 안 고프다. 더군다나 열 시간을 앉아 있었으면 스트레스를 받는 것이 상례일 터. 필자는 오히려 연구를 했다는 생각에 얼마나 기쁜지 모른다.

왜 그런가? 목표가 있고 희망이 있기에 스트레스를 받지 않는 것이다.

이 이치를 깨달으면 일상에서 많은 문제가 해결된다. 아니 아예 문제가 발생하지 않는다. 혹, 자녀들이 공부하다가 스트레스 받는다고 하면 이렇게 말해 주면 어떨까.

"너의 분명한 목표를 생각해 봐. 목표가 없다면 목표를 가져 보는 거야! 신나는 목표가 있으면 공부도 재미있어질 거야."

희망
혁명

희망은 내용에 상관없이 생의 엔돌핀을 팍팍 뿜어낸다. 거기에 내용까지 알차면 금상첨화가 아니겠는가. 이제 그 내용을 집중 조명해 보자.

신약의 희망은 구약의 희망과 다르다. 차원이 다르고, 그 역동성이 다르고, 그 신명이 다르다. 그래서 '희망 혁명'이라 부르는 것이다.

필자는 구약과 신약의 희망을 아주 핵심적으로 도해화해 봤다. 먼저 구약의 희망 도해부터 살펴보자. 도해 왼쪽 그림은 사람을 형상화한 것이다.

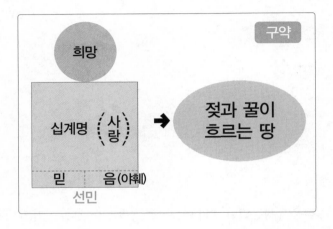

우선 '희망'이 어디 있는가? 사람의 얼굴에 해당하는 자리에 있다. 그 중에서도 눈 부위가 바로 희망의 자리다. 몸통에는 '십계명'이라고 적혀 있고 그 옆 점선 괄호 속에는 '사랑'이라고 적혀 있다. 몸통 밑 부분 점선 아래에는 '믿음'이라 적혀 있고 그 옆 괄호 속에는 '야훼'라고 적혀 있다. 그리고 이 전체 그림 아래엔 '선민'이라고 쓰여 있다. 오른쪽에는 '젖과 꿀이 흐르는 땅'이라 적혀 있다.

이 도해는 구약시대 이스라엘 백성이 지녔던 희망을 핵심적으로 그려주고 있다.

구약에서, 아주 절실하게 희망을 가졌던 때가 바로 이집트에서 노예 살이 할 때였다. 주님께서는 모세를 통하여 이 백성들을 이집트에서 구출해 내시며 '희망의 출발'을 하신다. 그리고 시나이 산에서 이 '희망의 마스터플랜'을 보여주신다.

"너희를 내가 젖과 꿀이 흐르는 땅으로 이끌어내겠다. 너희를 데려 가는데 거기를 가려면 너희는 이 십계명을 지켜라. 이 십계명을 지키면 거기를 도달할 수가 있다"(탈출 34,10-11 참조).

이렇게 선택 받은 백성이 '선민', 곧 이스라엘 백성으로서 이들이 바로 '희망의 주체'가 된다.

이때 주어진 '십계명' 속에 사랑이 포함됐지만 아직 드러나지 않는다. '사랑'보다 계명이 강조되고 있을 때였기 때문이다.

또한 '믿음' 역시 1계명, 2계명, 3계명 안에 포함돼 있었다. 그래서 머리와 몸통 외에 다리가 없다. 다리에 해당하는 '믿음'이 계명 안에 포함되어 아직 올챙이 다리, 즉 다리가 나오지 못한 상태로 십계명 속에 그대로 묻혀 있다.

그러니 이들이 젖과 꿀이 흐르는 땅에 가고 싶어도 잘 가지겠는가? 막상 가고는 싶은데 잘 안 되는 것이다. 이것이 구약의 심정이었다.

그런데 예수님께서 오시어 신약으로 넘어가면서 아주 획기적인 일이 일어난다. 도해를 한번 살펴보자.

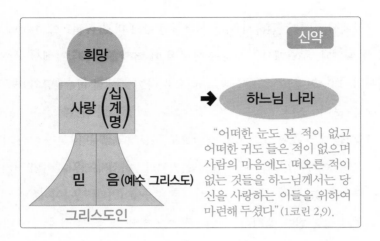

우선, 맨 아래 '선민'이 '그리스도인'으로 바뀌었다. 이제 더 이상 희망은 선민의 특권이 아니라 그리스도를 받아들이는 모든 사람이 갖게 된 것이다. 누구든지 그리스도인이라는 이름만 가져도 이 희망을 갖게 된다.

다음으로, 구약과 신약의 몸통 크기는 그대로인데 신약의 희망은 다리가 자랐다. '믿음'이라는 올챙이 다리가 쭉 뻗으며 자라났다. 믿음이 아주 뚜렷하게 진화한 것이다. 예수님께서 이 믿음이라는 단어를 얼마나 자주 강조하셨는지 기억해 보라. "믿어라, 믿어라. 나를 믿어라"(요한 14,1 참조), "내가 길이요 진리요 생명이다. 내가 아버지의 집으로 데려다 주겠다"(요한 14,6 참조). 예수님은 구약에서 율법에 짓눌려 아직 미발육의 상태에 있던 믿음이 온전한 기능을 하도록 혁명적으로 믿음의 역할을 업그레이드 시키셨던 것이다.

그리고 또 하나, 십계명 속에 애매하게 드러나지 않던 '사랑'이 오히려 밖으로 드러나고 십계명이 사랑 안에 포함되었다. 아주 멋지지 않은가!

신약이라는 것은 이렇게 좋은 세상이다.

　그뿐 아니다. 구약에서는 막연하게 '젖과 꿀이 흐르는 땅'이라는 '세상의 땅'이 주어지는 것이었다면 신약에서는 더 좋은 땅이 나타났다. 바로 '하느님 나라'가 여기 주어졌다. 그래서 이런 말씀이 나온 것이다.

　"어떠한 눈도 본 적이 없고 어떠한 귀도 들은 적이 없으며 사람의 마음에도 떠오른 적이 없는 것들을 하느님께서는 당신을 사랑하는 이들을 위하여 마련해 두셨다"(1코린 2,9).

　이는 그리스도인의 희망을 더욱 설레이게 해 주는 희망의 이정표다. 우리는 이런 희망을 가진 사람들이다. 이 희망 하나만 봐도, "야, 내가 이거, 예수님 진짜 잘 믿었다"라는 생각이 들지 않는가?

희망 1,
'그때로 돌아 갔으면'

인류사를 일별해 보건대, 역사 이래 희망의 줄기는 대체로 세 갈래로 뻗어 왔다고 할 수 있다. 하나하나 추적하여 보자.

희망의 첫 번째 갈래는 '그때로 돌아 갔으면'의 희망이다.

우리는 종종 "아, 그때가 좋았는데. 그 자리를 다시 갈 수만 있다면……" 하고 말한다. 이는 과거지향적 희망 곧 회복의 희망이다.

그렇다면 거창하게 말해서 우리가 돌아가야 할 궁극적인 본래의 자리는 어디인가? 바로 에덴 동산이다. 태초의 낙원, 그곳이 우리가 머무르며 생명과 행복과 환희를 구가해야 할 손색없는 보금자리였다. 그런데 최초의 인간 아담과 이브가 하느님의 명령을 어긴 죄로 낙원을 상실하고 스스로는 영광의 지위를 잃어버렸다.

지금 우리는 영광을 잃어버린 존재로 살고 있다. 헤매고 있는 것이다.

하여, 자신의 존재 심연에서 원래 자리를 회복하고자 하는 욕구가 꿈틀거리고 있다. 이것이 바로 인간이 지니고 있는 희망의 첫 번째 갈래다.

그래서인가. 살다 보면 우리의 실질적인 희망도 가끔은 앞으로만 향하지 않고 과거로도 향한다.

"아, 내가 첫 마음을 회복할 수 있었으면!"

"아, 내가 다시 동심으로 돌아가 순수함을 회복할 수 있다면!"

"내가 다시 건강한 몸으로 돌아간다면!"

"우리 관계가 처음의 상태로 되돌려질 수 있다면……."

예수님께서 첫 번째로 선포하신 희망도 바로 이 '회복'의 희망이었다. 예수님께서 이 땅에 오시어 첫 번째 구원을 선포하셨을 때 그 내용은 이사야 예언자의 두루마리에 기록된 '희년 선포'였다.

"주님께서 나를 보내시어 가난한 이들에게 기쁜 소식을 전하고 잡혀간 이들에게 해방을 선포하며 눈먼 이들을 다시 보게 하고 억압받는 이들을 해방시켜 내보내며 주님의 은혜로운 해를 선포하게 하셨다"(루카 4,18-19).

'묶인 자'가 **다시** 풀려나고, '소경'이 **다시** 보게 되고, '억눌린 자'가 **다시** 해방되는 '은총의 해' 곧 '희년'이야말로 가장 완전한 회복이 아니겠는가!

희년은 50년마다 한 번씩 돌아오는 '원상복구의 해'다. 법적으로 희년은 모든 것을 원점으로 환원시키도록 정해져 있는 해였다. 원한 관계, 빚 관계, 죄 등등 원상회복시켜야 할 것들은 많았다.

여담이지만 구약에서 빚쟁이들은 이 희년이 오기를 기다리지 않았을까? "내가 50년만 버티면 빚 안 갚아도 되는데……." 희년이 오면 일단은 법적으로 다 탕감받기 때문이다. 실제 그랬는지까지는 모르지만 아무튼 법으로는 희년이 오면 다 원점이다. 없던 걸로 하고 다시 처음부터 시작하는 것이다.

요즈음 핫 이슈인 생태복원운동도 결국 이런 희망의 발로인 것이다

희망 2,
'반드시 그날은 오리라'

희망의 두 번째 갈래는 '반드시 그날은 오리라'의 희망이다.

우리는 죽음 저 너머의 삶을 희망한다. 이를 우리는 미래지향적 희망, 더나아가 종말론적 희망이라 부를 수 있다.

이 희망의 결정적인 기초를 놓아 주신 분이 예수님이시다. 당신께서 몸소 부활하시어 "죽어도 다시 사는구나"라는 것을 보여주셨기에 우리 그리스도인들은 '영원한 삶'과 '부활'을 믿는다.

똑같이 죽어도 부활을 꿈꾸는 자의 죽음과 부활에 대한 희망이 없는 자의 죽음은 차원이 다르다. 부활을 꿈꾸는 자의 죽음은 기뻐하며 환희에 차 있다. 그러기에 우리 그리스도인들은 찬미하면서 죽음을 맞이한다.

교황 요한 23세께서는 돌아가시기 전 이런 말씀을 하셨다.

"자, 여행채비는 끝났다."

무슨 말인가? 한마디로 "가고 싶다"는 말이다. 누군들 여행을 신나고 설레어 하면서 가지, 마지못해 끌려가겠는가. 교황께서는 저 세상에 대한 희망으로 가득 차서 죽음을 맞이했던 것이다. 바오로 사도는 이 희망을 이렇게 표현한다.

"썩을 몸으로 죽지만 썩지 않을 몸으로 다시 살아날 것을 믿습니다"(1코린 15,42 참조).

베드로 사도 역시 이 희망을 신명나게 소개한다.

"우리 주 예수 그리스도의 아버지 하느님께서 찬미받으시기를 빕니다. 하느님께서는 당신의 크신 자비로 우리를 새로 태어나게 하시어, 죽은 이들 가운데에서 다시 살아나신 예수 그리스도의 **부활**로 우리에게 **생생한 희망**을 주셨고, 또한 **썩지 않고 더러워지지 않고 시들지 않는 상속 재산**을 얻게 하셨습니다. 이 상속 재산은 여러분을 위하여 **하늘에 보존**되어 있습니다"(1베드 1,3-4).

예수님의 부활로 우리는 부활의 권한을 상속받았다. 증서도 있다. 이 증서는 어디서 발급받는가? 본당 사무실이다. 바로 세례 증서다. 이 증서만 딱 가져다 내면, 상속 권한을 찾을 수 있다. 스위스 비밀은행은 돈 예치는 쉬워도 찾을 때 무척 까다롭다고 한다. 반면 우리 그리스도교는 하나도 까다롭지 않다. 증서 하나만 딱 내면 되는 것이다.

필자는 성경을 읽다가 "어쩌면 희망에 대해서 이렇게도 기막힌 표현을 했는가" 하고 무릎을 탁 친 구절을 발견한 적이 있다.

"이 희망은 우리에게 영혼의 닻과 같아, 안전하고 견고하며 또 저 휘장 안에까지 들어가게 해 줍니다"(히브 6,19).

희망이 무엇인가? 닻이다. 희망은 그냥 달려가는 내비게이션이 아니다. 내비게이션은 가다가 딴 데로 갈 수도, 엉뚱한 데로 갈 수도 있다. 그렇다면 닻은 뭔가? 닻은 이미 하늘 나라에 박혀 있다. 처음 우리는 원어 풀이를 하며 '희망'이 '밧줄'이라 했다. 희망이 밧줄이라면, 이제 우리가 할 일은 무엇인가? 줄을 잡아당기기만 하면 되는 것이다. 하여간 방향은 모른다. 그런데 눈 감고 당겨도 닻이 이미 박혀 있기에 상관없다. 우리의 희망은 이런 것이다. 기막힌 우리 희망의 축복이다.

희망 3,
'지금은 희망할 때'

    희망의 세 번째 갈래는 '지금은 희망할 때'의 희망이다. 이는 현세중심적 희망 곧 '실존적' 희망을 가리킨다.

    앞서 희망의 하나는 과거, 다른 하나는 미래에 관한 것이었다. 그런데 우리가 이 양 극단에서만 살면, 이 중간에서 어중간하고 막연하고 애매하다. 이 세상에서 어찌됐든 최종 목적지까지 가긴 가는데 잠깐 간이역이 있고, 중간에 쉼터도 있고, 오아시스도 있고, 사는 재미도 있고, 뭐 그래야 하지 않을까? 그러한 것들이 실존적인 희망에 포함된다.

    이 세상에서 누리는 희망에 대해서 필자는 이미 졸저 『뿌리 깊은 희망』에서 아주 많은 얘기를 했다. 그러기에 누가 필자더러 '희망박사'라고 별명을 붙여 준다면 제일 기쁠 것 같다. 우리 모두가 희망의 전문가가 되어야 한다.

    희망을 생각하면, 필자는 감회가 새로워진다. 대한민국에 글로벌 금융위기라는 말이 막 떠돌기 시작하기 전, 이상하게 주님께서는 대략 그 6개월 전부터 필자에게 '희망'에 대한 관심을 갖게 하셨다. 주님은 예비하는 분이시다. '야훼 이레'라 했지 않은가. 이는 물론 민족을 위해서도 해당된다.

하여간 필자는 그때부터 '희망'이라는 주제에 몰두했고 딱 정리를 마칠 무렵, 금융위기가 터졌다. 물론 희망을 연구한 사람으로서 필자는 절망하지 않았다. 바로 그날부터 필자는 전국민적으로 희망을 떠들고 다녔다.

"여러분 이거 아무것도 아닙니다. 지금 전 세계의 이 위기는 각국의 경제전문가들이 다 동원되어서 획기적인 정책들을 쓸 겁니다. 그런데 여기 경제전문가들의 최선에 플러스알파로 희망이 더해지면, 이 희망 그 자체가 엄청난 힘이 되어 응원부대가 될 겁니다. 그러니까 이 희망 원리를 가지고 있는 사람은 빨리 흥하고, 가지지 못한 사람은 여기서 그대로 도태되고 말겠지요. 우리 대한민국은 함께 희망을 붙들고 이 위기를 극복하고자 하면 되는 것입니다."

필자의 강의는 소문에 소문을 물어 공영방송TV에 초청되어 두 차례 '희망 특강'을 하기에 이르렀다. 국가적으로도 희망이 필요했던 것이다. 그리하여 '희망'이 국민적인 캠페인이 되었다. 필자는 기억하건대, 거의 모두가 걱정 내지 절망모드에 잠기고 있는 중이었다. 하지만 한 사람이 큰 목소리로 "희망! 희망!" 하니까 다른 사람들도 덩달아서 "희망! 희망!" 하기 시작했던 것이다. 그래서 지금 어떻게 되었나? 우리나라가 글로벌 금융위기를 제일 먼저 졸업하지 않았는가.

희망은 그러한 힘이 있다. 여기에 주님의 예비하심! 이에 필자는 절로 무릎이 꿇어질 수밖에 없다. 그러니 아무리 힘들어도, 우리는 희망을 갖는 사람이 되자.

    희망은 희망을 낳는다. 이 희망이 어떻게 연쇄적으로 퍼지고 있는지 신문기사 두 토막만 소개해 본다.

    "'책을 읽으면 세계를 얻는다'는 글을 읽은 적이 있습니다. 〔…〕

    저는 건설회사의 최고경영자CEO로서 경영서를 비롯해 역사나 종교 · 철학서까지 두루 섭렵하려고 노력합니다. 업무 때문에 독서하기에 시간이 빠듯할 때가 많습니다. 이런 저에게 해외 출장을 갈 때 비행기 안은 독서를 하는 데 아주 좋은 공간이 됩니다.

    요즘 '희망 나누기' 또는 '희망 나눔 프로젝트'라는 말을 자주 듣게 됩니다. 이런 말들이 자주 회자된다는 것은 그만큼 우리 사회에 희망의 빛이 희미해져 가고 있음을 방증하는 것이라 봅니다. 그러한 때에 차동엽 신부가 쓴 책 『뿌리 깊은 희망』을 만난 것은 정말 의미있는 일이었습니다. 건설업계에 오랫동안 몸담아 오고 있는 제게 '희망'이라는 단어는 남다를 수밖에 없습니다. 건설업은 무無에서 유有를 창조하는, 그야말로 무한한 '창조적 상상력'이 필요한 일이기에 끊임없이 희망을 품지 않으면 안 되기 때문이지요.

    『무지개 원리』의 저자로 유명한 차동엽 신부는 『뿌리 깊은 희망』을 통해 희망 나누기와 희망 심기라는 화두를 던집니다. 책은 유명인의 일화를 소개하는 방식이어서 쉽게 읽어 내려갈 수 있습니다. 책을 다 읽으면 우리에게 희망과 비전이 얼마나 소중한지 깨달을 수 있습니다. 〔…〕

이런 믿음 아래 저는 회사의 현재가치보다 미래가치에 더 큰 희망을 품고 있습니다. 〔…〕

저는 이런 희망을 공유하기 위해 회사 임직원과 대학생 등에게 『뿌리 깊은 희망』을 선물했습니다. 이 책은 이리저리 얽힌 삶을 정리해 주는 지름길을 보여줍니다. 책을 읽을수록 그 지름길은 더욱 넓어지고, 서로의 의사소통은 더욱 활발해질 것입니다."[3]

"희망과 절망 사이는 그렇게 멀리 존재하는 것이 아니다. 내 스스로 '희망이 없다'고 포기하면 그것으로 끝이다. 남들이 모두 절망적 상황이라고 포기해도 '내가 희망이 있다'고 믿으면 그 희망은 새로운 기회를 주는 법이다. 〔…〕

철학자 키에르케고르는 '절망이야말로 죽음에 이르는 병이다'라는 유명한 말을 남겼다. 이를 거꾸로 말하면 '희망이야말로 성공에 이르는 원동력이다'라고 달리 표현할 수 있을 것 같다. 『뿌리 깊은 희망』의 저자 차동엽 가톨릭대 교수는 '희망 다이내믹'이라는 말을 만들어 다음과 같은 말을 전파했다.

'희망은 쓰러지지 않는다. 희망은 절망을 몰아낸다. 희망은 목표에 집중한다. 희망은 바라보는 대로 된다. 희망은 말하는 대로 이루어진다.' 〔…〕

좌절, 실패는 도전하는 자가 맞딱뜨려야 할 불가피한 과정이자 치러야 할 대가일 수 있다. 포기·절망은 늘 함께한다. 이를 멀리 물리칠 수 있는 강력한 대체제가 바로 희망이다. 내가 희망을 노래할 때 주변에서도 함께 도움의 손길을 내밀 수 있다. 어떤 상황에서도 내가 먼저 절망에 빠져서는 안 된다. 다시 한 번 앞을 보고 희망을 불러보자."[4]

둘.
희망의 사람들

희망이 고갈되었다고 느끼는 이는 더 이상 희망이 없음을 탓할 일이 아니다. 오히려 자신 안에 성령의 불이 식어가고 있음을 안타까워 할 일이다. 여기 응원의 말씀이 있다. "주님께 바라는 이들은 새 힘을 얻고 독수리처럼 날개 치며 올라간다. 그들은 뛰어도 지칠 줄 모르고 걸어도 피곤한 줄 모른다"(이사 40,31). 이 말씀 그대로 '주님께 바라는 이들' 곧 희망의 사람들은 '새 힘'을 얻어 '독수리처럼' 날개 치면서 올라가며, '지칠 줄'도 '피곤한 줄'도 모른다.

노인들도
꿈을 꾸리라

아틀랜타주 조지아에 있는 라이프 카이로프랙틱 칼리지 졸업식에서의 일이다. 졸업식 연사로 초청받은 마크는 졸업하는 의사들 가운데서 가장 나이가 많은 한 사람을 만났는데, 그녀의 나이는 72세였다.

마크는 물었다.

"여기 의과 학교에 다니기 전에는 무얼 하셨습니까?"

"나는 예순여섯 될 때까지 수녀였답니다. 그 나이가 되면, 내가 있던 수녀회에서는 반드시 은퇴해야 했지요."

"그러면 왜 그 나이에 7년이라는 시간을 의사가 되는 일에 쓰겠다고 결심하신 건가요?"

그녀는 겸손하게 대답했다.

"아직 나는 죽지 않았으니까요. 내 인생의 목적은 남을 섬기는 데 있습니다."

현재 그녀는 하루에 150명의 환자를 돌보고 있다고 한다.[1]

멋지지 않은가. "이 나이에 무슨 꿈을 꿔?"라고 푸념하는 이들에게 불편한 자극을 주는 얘기 아닐까. 꿈 곧 희망에는 나이 제한이 없는 것이다.

앞에서 언급했다시피 희망은 그리스도 영성의 핵심동력이다. 그런 의미에서 '희망의 사람들', 이들은 다름 아닌 그리스도인 모두를 말한다고 할 수 있다. 성령강림 직후 수천 명의 군중 앞에서 사도 베드로는 요엘 예언자의 말을 인용하여 이렇게 말하였다.

"하느님께서 말씀하신다. 마지막 날에 나는 모든 사람에게 내 영을 부어 주리라. 그리하여 너희 아들딸들은 예언을 하고 너희 젊은이들은 환시를 보며 너희 노인들은 꿈을 꾸리라"(사도 2,17).

여기서 주목할 것은 '아들'과 '딸', '젊은이'와 '노인'이라는 쌍끌이 언어 구사법이다. '모두', '한 사람도 예외 없이'라는 표현을 강조하기 위한 수사법인 것이다.

그런데 '예언을 한다'는 것은 무슨 얘기인가? 밝은 내일에 대한 기대와 희망을 품는다는 뜻이다. '환시를 본다'는 것은 무슨 말인가? 미래를 본다는 것이다. 그리고 '꿈을 꾼다'는 것은 비전을 품는다는 말이다.

이제 전체의 뜻은 자명하여졌다. 성령이 만민에게 임하심으로 인하여 아들딸들과 젊은이들, 노인들이 똑같이 '희망'을 품게 된다는 말이다.

희망이 고갈되었다고 느끼는 이는 더 이상 희망이 없음을 탓할 일이 아니다. 오히려 자신 안에 성령의 불이 식어가고 있음을 안타까워 할 일이다. 여기 응원의 말씀이 있다.

"주님께 바라는 이들은 새 힘을 얻고 독수리처럼 날개 치며 올라간다. 그들은 뛰어도 지칠 줄 모르고 걸어도 피곤한 줄 모른다"(이사 40,31).

이 말씀 그대로 '주님께 바라는 이들' 곧 희망의 사람들은 '새 힘'을 얻어 '독수리처럼' 날개 치면서 올라가며, '지칠 줄'도 '피곤한 줄'도 모른다.

이제 역사의 현장에서 희망의 사람들을 만나보기로 하자.

놓아 드릴 수 없습니다

　야곱은 그야말로 희망의 선두주자였다.

　이사악과 레베카가 아이를 낳지 못하다가 만년에 간신히 얻은 아이가 쌍둥이 에사우와 야곱이었다. 그런데 이사악은 아버지 아브라함이 받은 3가지 축복의 약속을 그대로 물려받은 사람이었다. 곧 민족들의 조상이 되리라는 것, 땅을 받게 되리라는 것, 복의 근원이 되리라는 것, 이들 3가지가 고스란히 이사악에게 대물림되었다.

　전통적으로 이 약속의 상속자는 이제 장남인 에사우였다. 야곱도 떡고물 정도야 받겠지만, 중요한 건 전부 에사우한테 대물림되기로 정해져 있었다. 하여간 야곱과 에사우는 이 축복 이야기를 매일 밥 먹을 때마다 엄마 레베카로부터 듣는다.

　"니네 아버지 대단한 분이야. 할아버지가 백 살 때 낳은 너의 아버지가 할아버지의 복을 다 대물림 받으셨어. 그리고 그 축복이 다 너희들 거야.

알았냐? 에사우 너는 장남이니까 너에게 장자권이 있단다. 야곱아 너도 실망하지 마라. 너에게도 떡고물이 있단다."

그런데 에사우는 매일 듣는 이 이야기에 신물이 났다.

"저놈의 손에 잡히지도 않는 축복! 그래 지금 내 손에 잡힌 게 뭐있어? 땅 지금 받았어? 민족의 조상이 됐어? 야곱과 나 단 둘밖에 없는데……. 복은 또 어떻구!"

에사우는 현실주의자였다. 그는 사냥꾼이었다. 사냥꾼에게 제일 중요한 시간은 현재다. 오늘 잡아서 오늘 먹고, 그렇게 하루하루 살아가는 것이다. 그러니 에사우에게 약속이란 말이 귀에 들어올 리가 없었다. 거기다 귀찮은 제재도 따라 다녔다. '축복의 상속자가 되려면 이방인 여자와 사귀어서는 안 된다'는 것이었다. 성경의 앞뒤 맥락을 보고 유추하건대 그때 에사우는 사춘기였고 이미 마음에 드는 여자가 있었다. 그런데 이방인 여자였다. 에사우는 갈등한다.

"장자권? 여자? 장자권? 여자?"

매일 요렇게 고민하고 있었던 것이다.

반면 야곱은 농사꾼이었다. 농사는 봄에 씨앗을 뿌린 다음 가을에 거둔다. 벌써 기다리는 데 익숙하고, 씨앗만 봐도 열매가 보인다. 그러니 야곱 눈에는 저 단순한 축복의 미래가 벌써 쫘악 보이는 것이다.

"야, 저거 장자권! 저거 엄청난건데. 저게 지금 아직 드러나지 않아서 그렇지, 효과를 보기 시작하면 완전 대박일 텐데!"

그런데 가만 보니 에사우가 도통 장자권에 관심이 없었다. 이를 안 야곱은 '땡기면 되겠다' 싶었다.

하여 야곱은 미끼를 던진다. 에사우가 사냥을 나간 어느 날, 야곱은 불콩죽을 맛있게 끓여 놓고 에사우를 기다린다. 허기져 돌아온 에사우는 야곱에게 좀 달라 한다.

"야곱, 나 죽 좀 줘. 배고파"(창세 25,30 참조).

"안 돼, 형. 장자권 나한테 넘겨주면 줄게"(창세 25,31 참조).

여기서 야곱의 행동은 유혹일까? 아니다. 상식적으로 형제지간에 이처럼 무엇을 주고받지는 않는다. 에사우는 여기에 안 넘어 갈 수도 있었다. "야, 농담 그만 하고 가져와!"라던가, "너 아버지, 어머니한테 이른다!"라고 했다면 순순히 가져오게 되어 있다.

그런데 에사우는 장자권을 팔라는 야곱의 말에 "내가 지금 죽을 지경인데 이 장자권이 무슨 소용있어"(창세 25,32 참조)라고 생각한다. 결국 장자권은 야곱에게 넘어간다.

이 이야기를 성경은 이렇게 종합한다.

"에사우는 장자권을 대수롭지 않게 여겼던 것이다"(창세 25,34 참조).

이 어투를 보건대 사실 이 사건의 공범자는 하느님이시다. 하느님께서는 이를 막으려면 막으실 분이신데 그냥 내버려 두셨던 것이다.

왜인가? 당신이 위에서 내려다 보셔도 에사우는 영 장자권에 관심이 없다. 그렇다. 이처럼 하느님께서 아무리 주시고자 하셔도 관심 없는 사람에게는 은총을 주실 수가 없는 것이다. 오늘날도 똑같다. 관심 있는 사람이 결국 받게 되어 있다.

이 책도 똑같다.

"요즘에 『향주삼덕』을 읽으니까 지금까지 우리가 가졌던 '믿음', '희망', '사랑'이 아주 명료해졌어. 너도 꼭 읽어봐!"

이에 에사우 같은 사람들은 이렇게 얘기할 것이다.

"너나 봐."

대수롭지 않게 여기는 것이다. 그들은 은혜를 발로 차버리는 격이다. 독자들이 이 책을 읽고 믿음이 달라지고 희망이 달라지고 사랑이 달라진다면, 인생이 달라지고 세상이 달라진다.

다시 이야기로 돌아와서, 장자권이 야곱에게 넘어오긴 했지만 아직 하나의 절차가 남아 있었다. 아버지 이사악에게 굳히기 도장을 받아야 한다. 일단 서류는 받았는데 아버지 도장을 마지막에 받아야 하는 것이다. 이게 뭐냐 하면 아버지가 보통 임종하시기 전에 장자에게 안수하여 축복을 주는데 바로 그것이었다. 원래대로라면 그걸 받아야 할 사람은 에사우였다.

하여, 야곱 편이었던 엄마 레베카가 이제 꾀를 낸다(창세 27,1-17 참조).

"에사우가 축복을 받을 순 없어. 걘 딴 데 벌써 정신 팔려서 관심도 없잖아. 그래, 야곱을 에사우처럼 털복숭이로 가장해서 에사우의 축복을 받게 하자."

결국 아버지를 속여 야곱이 장자권의 축복을 받는다.

하느님이 내려다 보실 때 긴 건 기고, 아닌 건 아니다. 무슨 말인가. 서로 합법적으로 주고받고 판 것은 괜찮지만, 속인 것은 잘못된 것이었다. 그래서 야곱의 장자권이 바로 발동되지 않는다. 하느님께서는 야곱에게 20년이란 보속의 시간을 갖게 하신 다음, 장자권을 발휘시키신다.

그렇다면 20년 동안 어떤 일이 벌어진 것일까? 야곱이 에사우의 장자권 축복을 가로챈 일로 인해 둘 사이는 이미 돌이킬 수 없는 원한 관계가 되었었다. "야곱, 죽여 버리겠다"(창세 27,41 참조). 그랬었는데, 이 20년 동안 다시 형제애가 회복되었던 것이다. 야곱보다 더 약은 삼촌 라반 밑에서 온갖 노동착취와 사기극을 당하면서 "내가 형에게 그 몹쓸 죄를 지었으니, 이래도 싸다 싸!" 하고 회개했던 것은 물론, 자신이 만일 하느님의 축복을 받으면 그것으로 형의 상처를 보상해 주리라고 단단히 마음먹게 되었던 것이다.

이리하여 삼촌 밑에서 꼬박 20년을 채우고 주님의 도우심을 받아 극적으로 부자가 된 야곱은 형과의 해후를 기대하며 고향길에 오른다. 하지만 그는 여전히 '장자권'이 불안하기만 하다. 형이 아버지의 축복을 사기로 가로챈 것을 끝끝내 문제 삼을 수 있는 것 아닌가. 그리하여 그 유명한 야뽁 강 나루에서 야훼의 천사들과 씨름판 기도를 바친다.

"놓아 드릴 수 없습니다. 저에게 복을 빌어 주시지 않으면, 절대 못 놓아 드립니다"(창세 32,27 참조).

엉덩이뼈 부러질 정도로 이 기도의 싸움은 격렬했지만, 야곱은 그예코 축복의 약속을 받아낸다. 마침내 형과의 화해도 이루어지고, 야곱은 '하느님과 겨뤘다'라는 의미의 이스라엘이라는 이름으로 개명된다. 물론,

야곱은 살아생전 이미 앞의 세 가지 축복이 부분적으로, 하지만 그에게는 풍성하게, 이루어짐을 보게 된다.

이스라엘. 하느님과 겨룬다. 이 말 속에서 희망의 용트림이 꿈틀거린다.

꿈장이

야곱의 아들, 요셉은 아버지의 희망을 대물림한다. 야곱은 원래 첫째 부인 레아보다 둘째 부인 라헬을 더 좋아하였다. 그 둘 사이에서 난 자식이 요셉이다. 그러다 보니 야곱은 요셉을 편애하였다. 문제는 요셉이 아버지의 사랑을 받는 것에서 그치지 않고 자기의 꿈 얘기를 자꾸 형들에게 자랑했다는 데 있었다. 어려서 지혜가 부족했던 탓이었을까. 그는 다른 형제들을 다 모아놓고 이렇게 얘기하였다.

"내가 꾼 이 꿈 이야기를 들어 보셔요. 우리가 밭 한가운데에서 곡식 단을 묶고 있었어요. 그런데 내 곡식단이 일어나 우뚝 서고, 형들의 곡식 단들은 빙 둘러서서 내 곡식 단에게 큰절을 하였답니다"(창세 37,6-7).

이런 이야기를 듣고 박수쳐 줄 형제들이 어디 있겠는가. 가뜩이나 기분 나쁜데 요셉은 이런 말도 덧붙였다.

"내가 또 꿈을 꾸었는데, 해와 달과 별 열한 개가 나에게 큰절을 하더군요"(창세 37,9).

해는 누구인가? 아버지다. 달은 누구인가? 어머니다. 열한 개의 별은 형제들이다. 아버지 어머니까지 자신에게 절을 한다는 소리다. 그러니 미운털이 박힐 수밖에. 결국 "저 놈만 없으면 평화가 올 거야"라고 여긴 형제들이 그를 미디안 상인에게 팔아넘긴다.

이집트로 끌려간 요셉은 갖은 고생을 다하다가 이집트 왕실 경호대장인 포티파르의 종이 되어 그 집에서 일하게 된다. 그런데 포티파르의 부인이 꽃미남인 요셉에게 흑심이 생겨 요셉을 유혹하기에 이른다. 하지만 요셉은 끝까지 거절하여 자신의 도리를 지킨다.

여기에 중요한 포인트가 있다. 요셉은 어떻게 끝까지 유혹을 거절할 수 있었을까? 만일 요셉이 저 꿈을 꾸지 않았다면, 자기 마음속에 꿈을 품지 않았다면, 거절하지 못했을지도 모른다. 꿈이 있는 사람이 반듯하게 사는 법이다. 절대 사춘기 에너지로는 반듯하기가 힘들다. 그걸 잡아줄 수 있는 것이 '꿈'이다. 그러니 자녀들에게 억지로 윤리도덕 가르칠 필요없다. "너 똑바로 살아라" 해 봤자 소용없다. 꿈이 없기 때문에 에너지가 달려서 쉽게 유혹에 넘어가는 것이다. 꿈만 있으면 반듯하게 살게 되어 있다.

결국 요셉은 끝까지 자신의 꿈을 품었다. 그리하여 포티파르 부인의 거짓에 의해 감옥에 갔음에도, 파라오의 헌작 시종장의 꿈 해몽을 통해서 국무총리까지 되는 인생으로 바뀐다.

그러고 나서 진짜 그의 꿈이 이루어졌다. 후에 형제들, 아버지까지 와서

"내가 네 덕에 산다"(창세 49,25 참조) 그렇게 되었던 것이다.

요셉의 희망은 여기서 끝나지 않는다. 조상들로부터 대물림 받은 희망을 죽을 때까지 갖고 있었던 그는 이렇게 유언한다.

"여기 이집트는 우리 고향이 아니다. 내 유해를 우리 조상들이 묻힌 곳에 묻어다오. 나중에 부디 이장해다오"(창세 50,25 참조).

요셉은 하느님께서 아브라함에게 주신다고 약속하셨던 '젖과 꿀이 흐르는 가나안 땅'을 가슴에 품고 살았던 것이다. 이렇듯 원대한 꿈을 갖고 있던 사람이 요셉이었다. 결국 이런 꿈을 가진 요셉이었기에 형들에게 이런 말을 할 수 있었다.

"두려워하지들 마십시오. 〔…〕 형님들은 나에게 악을 꾸몄지만, 하느님께서는 그것을 선으로 바꾸셨습니다. 그것은 오늘 그분께서 이루신 것처럼, 큰 백성을 살리시려는 것이었습니다"(창세 50,19-20).

왜 선으로 바꿔주셨는가? 하느님께서는 이미 요셉에게 꿈으로 비전을 보여주셨기에 그 과정이 뒤틀렸다 해도 종국에는 완성과 성취로 이끌어 주시는 것이다. 결국 꿈을 가진 사람은 끄트머리가 좋게 되어 있다.

막장
희망

　우리가 또 하나 기억할 것은 바빌론 유배 시절에 이스라엘 백성이 품었던 희망이다. 바빌론 유배는 절망의 자리였다. 나라가 망하고 타국으로 끌려가 이민족의 억압을 받으며 종살이하는 상황에서 이스라엘 백성은 더이상 희망이 없었다. 그런데도 당시 예언자들은 이스라엘인들에게 희망을 주었다. '바라'bara의 하느님, 곧 창조의 하느님을 근거로 말이다. 그렇다. 절망은 '바라'의 하느님이 아니고는 이길 수 없다.

　한마디로 상상할 수 없는 일이었다. 여태까지 이스라엘은 절대로 망할수가 없었다. 예루살렘은 하느님이 계신 곳이기 때문에 그 누가 침공을 해도 절대로 허물어지지 않는다는 것이 그들의 믿음이었다. 이 '예루살렘불패신앙'을 철석같이 갖고 있었는데 망한 것이었다. 이스라엘 사람들은곰곰이 생각해 보기 시작한다.

"우리가 왜 망했지? 우리가 군사력이 약해서 망한 건 아니다. 그럼 왜 망했지? 그래, 야훼 하느님이 우리를 떠났구나! 우리를 버리셨구나."

이것이 절망이다. 그렇다면 이 절망을 회복할 수 있는 유일한 방법은 무엇인가. 창조의 하느님을 기다릴 수밖에 없다.

가령 투병 중인 이들에게 의사선생님이 "가망 없습니다" 그럴 때 무엇이 희망인가? 생명의 주관자이신 하느님 외에 희망이 없다. "의사는 못 고치지만 당신은 없는 생명도 만드셨으니까 당신은 살리실 수 있습니다."

이스라엘 백성들에게도 바로 이런 하느님이 희망의 근거였다. 그러기에 그 유배의 때, 창조신학이 왕성하게 도입된다. 예언자들도 창조의 하느님을 애기한다.

"이제 야곱아, 너를 창조하신 분, 이스라엘아, 너를 빚어 만드신 분, 주님께서 이렇게 말씀하신다. '내가 너를 구원하였으니 두려워하지 마라. 내가 너를 지명하여 불렀으니 너는 나의 것이다'"(이사 43,1).

당신의 이름으로 희망을 주시는 것이다. 당시 이스라엘 백성들은 절망 속에서 다른 애기들은 하나도 안 들어 왔다. 그런데 '창조의 하느님' 그랬더니 그제야 희망하게 된다. 결국 유배지의 이스라엘 백성은 이 희망을 붙들고 예루살렘으로 돌아올 수 있게 되었다.

우리도 끝자리에서 이 희망을 가져야 된다. '바라'의 하느님은 무에서 유를 창조하신 분이다. 즉 이 '바라'는 '하늘과 땅을 지어내셨다', '사람을 지어내셨다'에 사용되는 '창조' 개념의 동사며, '하느님'만이 주어로 온다. 또한 이들을 지어내실 때 아무 재료도 없이 지어내셨다. 말 그대로 무에서 유를 만드신 것이다.

그러기에 이 하느님을 믿으면, 우리가 흔히 얘기하는 "끝장", "막장", "밑바닥", "골짜기" 등의 상황에서도 희망을 가질 수가 있게 된다. 절망이 있는 자리에서도 끝까지 절대 희망을 가질 수 있는 것이다. 그러니 어떤 상황에서도 희망의 끈을 끝까지 붙들자.

희망을
묻다

이제 신약으로 넘어와 보자. 세례자 요한이 광야에 나타난 다음부터 군중들은 구름 떼처럼 몰려다녔다. 이에 예수님께서 어느 날 군중들과 제자들을 향해서 질문을 던지신다.

"너희는 무엇을 구경하러 광야에 나갔더냐?

바람에 흔들리는 갈대냐?

아니라면 무엇을 보러 나갔더냐?

고운 옷을 입은 사람이냐?

화려한 옷을 입고 호화롭게 사는 자들은 왕궁에 있다.

아니라면 무엇을 보러 나갔더냐?

예언자냐?

그렇다.

내가 너희에게 말한다.

예언자보다 더 중요한 인물이다"(루카 7,24-26).

예수님의 이 말씀은 희망에 관한 것이었다.

"너희는 어떤 희망을 붙잡으려고 광야에 나갔던 것이냐?"

이해를 돕기 위해 잠깐 설명하자면 이렇다. 당시 군중들이 구름 떼처럼 몰려다니며 이야기를 들었던 데에는 이유가 있었다. 예수님이 오시기 전인 약 400년 동안은 예언자가 끊긴 침묵의 시기였다. 그 이전에는 답답할 때 예언자가 나타나서 방향도 일러주고 길도 알려주고 방법도 가르쳐 주었는데, 어느 날부터 예언자들의 대가 딱 끊겼다. 예언자가 끊겼다는 얘기는 하느님 말씀이 끊겼다는 뜻이다. 이에 이스라엘 백성들은 "이제 더 이상 우리는 하느님 백성이 아닌가 보다" 하며 잔뜩 목말라 있었던 것이다.

그때 "광야에서 외치는 이의 소리가 들린다"는 소문이 돌기 시작하니까, 백성들은 "드디어 나타났구나" 생각하였다. 400년 동안의 가뭄을 해갈하기 위해 광야로 갔던 것이다.

이를 예수님은 저렇게 시적으로 표현하셨다. 그 물음은 우리를 위한 말씀이기도 하다. 바로 하느님 말씀에 주려 있기 때문이다.

예수님의 의도는 바로 여기에 있다.

"너희들이 지금 추구하는 것은 하느님 말씀이다. 잘 하고 있다. 잘 하고 있어."

이 말씀이 얼마나 기막힌지, 설명보다는 필자의 체험 하나를 고백하고 싶다. 필자는 말씀 하나 만나면 힘이 생긴다. '믿음의 성장'에서 아피스토스와 피스토스 부분을 설명하며, "이거 하나로 일 년 먹고 살 양식을 얻었다"

했던 것처럼, 그런 말씀 하나 만나면 일 년을 산다. 읽다가 그냥 가슴이 막 두근두근 거리는 말씀을 만날 때가 있다. 그러면 그 말씀을 붙들고 사는 것이다.

　말씀보다 더 좋은 보약이 없다. 그러니 아픈 사람 병문안 갈 때 주스박스 같은 거 사가지 말고 말씀 보따리를 들고 가야 한다. 주스는 암만 먹어 봐야 지나고 나면 또 목마르다. 그렇지만 말씀은 딱 듣고 나면 그야말로 기운이 팔팔 난다.

무지개 희망

우리는 참으로 희망을 가져야 한다. 희망은 꿈과 아주 밀접한 관계를 가지고 있기에도 그렇다.

사람들이 필자에게 묻는다. "『무지개 원리』에서 꿈과 희망을 이야기하셨는데, 다른 유명한 책들에도 꿈에 대해서 많이들 얘기했더라구요. 거 다 그게 그거 아닌가요?"

필자는 이렇게 답한다.

"좀 차이가 있습니다. 그게 그거는 아닙니다."

"어떻게 다르다는 거죠?"

"예를 들면 이렇습니다. 그분들이 얘기하는 꿈을 축구에 비유하자면 대체로 이런 주장인 셈입니다. '꿈은 특출난 스타플레이어다. 꿈이라는 골게터는 개인기가 뛰어나기에 골을 넣을 수 있다' 이런 식입니다. 물론 넣을 수 있습니다. 그런데 반드시 넣지는 못합니다. '무지개 원리'는 그 골게터가 골을 넣을 확률을 훨씬 높여주는 원리입니다."

"어떻게요?"

필자의 주장은 이렇다. 여기 꿈이라는 골게터가 하나 있다. 하지만 그 혼자는 너무 고독하다. 그러니 그의 주변에 여섯 명의 어시스트 꾼들을 붙여주자. 그러면 여기서 어시스트하고 저기서 어시스트하면 골이 들어갈 확률이 훨씬 높아지지 않는가. 이게 '무지개 원리' 다.

여섯 명의 어시스트 꾼들의 이름은 무엇인가? 바로 '긍정적인 생각'이라는 선수, '지혜'라는 선수, '신념'이라는 선수, '말'이라는 선수, '습관'이라는 선수, '포기를 모르는 인내'라는 선수다. 이들과 연합해서 골이 들어가는 것이다. 그러기에 '무지개 원리'를 가지고 꿈을 꾸면, 꿈이 확실하게 이루어진다.

필자는 평소에 책이나 강의에서 가급적이면 필자 자신의 이야기를 자제해 왔다. 꼭 필요한 대목에서 쬐끔만 양념으로 발설하였다. 그것도 혹시 자기자랑으로 비춰질까 염려하면서 말이다.

사실 필자는 '무지개 원리'로 한 생을 살아왔다. 그 숨겨진 열매는 실로 놀라울 따름이다. 이를 요약하여 필자는 가끔 가까운 지인들에게 이렇게 농담을 한다.

"나는 꿈이 무서워요. 꾸는 것마다 다 이루어지니 말이에요."

그대로 진실이다. 다만 일일이 밝히지 못할 따름이다. 하나만 더 정직하게 고백한다. 『무지개 원리』가 처음 나왔을 때 필자는 이미 마음속에서 "이거는 밀리언셀러 된다!" 하는 꿈을 품었다. 자신 있게 얘기한다. 사욕이 아니었다. 대한민국의 사람들이 '무지개 원리'를 익히면, 대한민국의 의식 수준이 한 단계 업그레이드될 것이라 예감했다. 그리고 지금 그대로 밀리언셀러가 됐다. 이 책은 여전히 살아 있고, 미래에도 살아 있을 것이다.

셋.
희망의 기도

종종 우리는 기도했지만 응답 받지 못했다고 투덜투덜 댄다. 그런데 기도응답을 받지 못한 것보다 더 큰 비극이 있다. F. B. 마이어는 이런 말을 하였다. "인생의 가장 큰 비극은 응답 받지 못한 간구가 아니라, 아예 드리지도 않은 기도다." 청하지도 않은 기도, 바로 이것이 우리의 최대 비극이다. 야고보 사도 역시 이 통찰에 동의한다. "여러분이 가지지 못하는 것은 여러분이 청하지 않기 때문입니다"(야고 4,2). 결국 필요했던 것, 갖고 싶었던 것 받지 못했다면 다 '내' 책임이다. '내'가 청하지 않았기 때문이다.

청하지 않았기 때문이다

믿음의 기도가 말씀과 약속을 붙들고 하는 기도라면, 여기 희망의 기도
는 희망의 제일 중요한 에너지인 꿈을 붙들고 하는 기도다.

1971년 아폴로 15호의 달착륙선을 조종했던 어윈 대령의 이야기다. 그가
달 표면에서 거의 사흘을 보낸 뒤, 달착륙선 밖에서 또 18시간을 보내고 돌
아올 때였다. 캡슐을 타고 지구를 향해 떨어질 때 낙하선 두 개가 펼쳐져야
하는데, 하나만 펼쳐지고 하나는 펼쳐지지 않았다. 그는 온갖 비상수단을
써 보았지만 속수무책이었다.

휴스턴 사령탑에서도 난리가 났다. 그때였다. 누가 먼저랄 것도 없이 하
늘과 땅위에서 모두가 딱 한 마디를 하였다.

"기도합시다!"

하느님께 기도하는 길밖에 다른 길이 없다고 여겼던 것이다. 지구를

향해 떨어지고 있는 어원도 기도했고, 휴스턴에 있는 모든 사람들도 함께 기도했다. 그런데 이상한 현상이 일어났다. 느닷없이 회오리바람이 땅에서부터 일어나 치솟아 오르는 것이었다. 그 바람 덕에 어원은 낙하산이 정상적으로 펴진 속도와 같이 안전하게 지구에 떨어졌다.

후에 어원은 이렇게 말하였다.

"누가 뭐라고 해도 그 일은 기적이었습니다. 회오리바람은 난데없이 생겨난 자연 현상이 아니라 정녕 하느님께로부터 나온 것입니다. 우주선은 휴스턴 사령탑에서 조정하는 줄 알았는데 그 뒤에는 하느님이 계셨습니다. 사람은 하느님 안에서 살아가는 것이요, 하느님의 손에 의해서 인간들이 살아가는 것입니다."

말을 마치며 그는 눈물을 흘렸고, 하느님께 '감사하다'는 말을 전하였다.

그들이 기도를 하기 시작하니 기적이 일어났다. 혹자는 이렇게 생각할지도 모른다. "왜 주님은 기도 안 하면 안 보내주시고, 기도하면 보내주시는가? 참 얄궂다."

이는 인간의 고약한 심리를 전혀 모르고 하는 말이다. 기도하지 않았을 때 주님의 도움을 받으면 인간은 그것이 은총인 줄 모르고 교만에 빠지기 십상이다. 바로 그래서다.

그러니 지레 "주님이 아시는데 무슨 기도를 해?"라고 하지 말고, 무조건 청할 일이다.

종종 우리는 기도했지만 응답 받지 못했다고 투덜투덜 댄다. 그런데 기도응답을 받지 못한 것보다 더 큰 비극이 있다. F. B. 마이어는 이런 말을 하였다.

"인생의 가장 큰 비극은 응답 받지 못한 간구가 아니라, 아예 드리지도 않은 기도다."[1]

청하지도 않은 기도, 바로 이것이 우리의 최대 비극이다. 야고보 사도 역시 이 통찰에 동의한다.

"여러분이 가지지 못하는 것은 여러분이 **청하지 않기 때문**입니다"(야고 4,2).

결국 필요했던 것, 갖고 싶었던 것 받지 못했다면 다 '내' 책임이다. '내'가 청하지 않았기 때문이다.

그렇다면 희망의 기도는 언제 바치는가? 절망의 자리에서 바친다. 앞서 확인했듯이 희망의 출발점은 바로 절망이다. 다윗은 이렇게 기도하였다.

"내 영혼아, 어찌하여 녹아 내리며 내 안에서 신음하느냐? **하느님께 바라라.** 나 그분을 다시 찬송하게 되리라"(시편 42,6).

악령이 주는 희망,
성령께서 주시는 희망

희망의 기도를 바칠 때 우리는 무엇을 희망할 것인가?

이 세상에는 두 가지 종류의 희망이 있다. 하나는 거짓 희망이고, 하나는 참 희망이다. 거짓 희망은 악령이 주는 희망이고, 참 희망은 성령께서 주시는 희망이다.

우선 악령이 주는 희망은 무엇인가?

영국의 동화작가이자 시인인 조지 맥도널드는 이를 간접적으로 아주 재미나게 표현한다.

"인간의 요구를 하나도 물리치지 않고 듣는 족족 받아주는 신이라면 그건 **악신**이 분명하다. 하느님이 아니라 **악마**다."[2]

기도하는 것마다 족족 들어준다면 그것은 분명 하느님이 주신 것이 아니라 악마가 준 것이다. 왜인가? 우리가 잘못된 것을 구할 수도 있기 때문이다.

니사의 성 그레고리오도 비슷한 말을 하였다.

"만일 누군가를 **벌주기 위해 기도한다면** 우리 아버지께 기도하지 말고 악마에게 기도하시오. 그가 당신의 아버지입니다."[3]

아무리 화나고 억울한 일이 있어도 '누구 벌 좀 주세요' 하고 기도하는 것은 잘못된 기도다. 오히려 이렇게 기도하여야 한다.

"제 원수를 당신께 맡깁니다. 제가 복수하지 않겠습니다. 주님, 당신이 알아서 해 주십시오."

이렇게 기도하면 주님께서 알아서 해 주신다. 희한하게 그 사람에게 벌이 아닌 은혜를 주시어 양심의 가책을 느끼게 하신다. 그렇게 해서 그가 나에게 찾아와 사과하게 만드는 방법을 쓰신다. 결국 원원이다.

이처럼 하느님의 지혜는 우리의 지혜보다 상상할 수 없을 만큼 훨씬 크다.

몇 가지 성경 속 부적절한 희망들의 예를 보기로 하자.

우선 타볼산에서 영광을 받으신 예수님께 베드로가 한 말 중에 그런 희망이 숨겨 있다.

"예수님, 저희가 여기에 초막 셋을 짓고 같이 머물면 좋겠습니다"(마태 17,4 참조).

지금 저 아래 세상에서 신음하고 있는 사람이 인산인해인데, 영광의 자리에서 자기네들만 좋자고 초막 셋을 지어 "우리 내려가지 맙시다" 한 셈이다.

"이제 좀 편히 살았으면……" 하는 맘에 우리도 이런 기도를 바칠 수 있다. 물론 쉬는 것도 중요하지만 아예 눌러 앉는 것은 좋지 않다. 이는 무사

안일주의의 기도다.

다음으로, 제베대오의 두 아들의 어머니는 예수님께 다가와 이렇게 청하였다.

"스승님의 나라에서 제 두 아들을 하나는 오른쪽에 하나는 왼쪽에 앉게 해 주십시오"(마태 20,21 참조).

예수님이 지금 가시는 길은 십자가의 길이다. 그런데 거기서 무슨 벼슬하는 줄 알고, 하나는 좌의정 하나는 우의정을 달라고 하니, 잘못돼도 아주 잘못된 기도였다.

이 밖에도 많이 있다. 재산 분배에 관여해 주시기를 청했던 청년, 기적을 보여주기를 청했던 바리사이인들, 영적인 양식을 무시하고 단지 육적인 빵만을 구하여 몰려들었던 군중들, 이들의 기도 가운데 악령이 준 희망이 숨겨져 있었다. 심지어 예수님의 수난을 제지하려던 베드로의 인간적 의리 속에도 악령이 준 희망이 정체를 감춘 채 웅크리고 있었다. 이에 예수님의 처방은 간결하고도 단호하였다.

"사탄아 물러가라! 너는 하느님의 일은 생각하지 않고 사람의 일만을 생각하는구나"(마태 16,23 참조).

그렇다면 성령께서 주시는 희망은 어떠한가. 그 식별 기준은 의외로 간명하다. 예수님께서는 이렇게 말씀하셨다.

"너희는 '무엇을 먹을까?', '무엇을 마실까?', '무엇을 차려입을까?'

하며 걱정하지 마라. 이런 것들은 모두 다른 민족들이 애써 찾는 것이다. 하늘의 너희 아버지께서는 이 모든 것이 너희에게 필요함을 아신다. 너희는 먼저 하느님의 나라와 그분의 의로움을 찾아라. 그러면 이 모든 것도 곁들여 받게 될 것이다"(마태 6,31-33).

이 말씀은 묵상을 잘해야 한다. 잘못 묵상하면 '이것 아니면 저것' 둘 중에 하나만 택해야 하는 양단논법으로 빠질 우려가 있다.

신약과 구약을 더듬어 보면 주님께서는 딱 한 번만 양단논법을 쓰셨다. 악의 세력과 하느님 나라를 구분할 때였다. 곧 우상이냐 야훼냐를 선택할 때만 쓰셨다는 것이다. 이때 우리는 칼 같은 선택을 해야 한다.

그런 사안이 아니고 가치관을 선택할 땐 포괄논법을 사용해야 한다. 포괄논법이란 다 포용하는 것이다. 하느님은 통이 크신 분이기 때문에 둘 중에 하나만 선택하지 않으신다. 세상적인 것을 몽땅 악한 것이라고 치부하는 것은 대단히 위험한 발상이다. 문제는 항상 '이것이 전부다'라고 닫아놓고 '다른 것'에게 기회를 주지 않는 데 있다.

사실, 필자도 가끔 오해를 받는다. 너무 축복과 은총만 강조하는 거 아니냐는 것이다. 결코 아니다. 물론 초보신자들에게는 축복과 은총을 강조하지만 중급, 고급으로 넘어오면 십자가를 강조하기 시작한다. 아직 초보일 때는 사탕도 먹어야 하고 기운도 차리게 해 줘야 하니까 축복과 은총을 강조하는 것이다.

고백하건대, 필자는 연구소 가족들한테 굉장히 엄하다. 왜인가? 그들은 이미 믿음의 선수들이기 때문이다. 십자가를 지고 갈 수 있는 내공이 쌓여 있기 때문이다.

결국 우리는 축복과 은총만 구할 게 아니라 십자가도 함께 구해야 한다. "삶에서 뭐 먹을까, 뭐 마실까, 뭐 입을까"도 구하지만 "하느님 나라와 하느님 의"도 같이 구해야 하는 것이다.

다만, 여기에도 원리가 있다. 아랫것을 구하면 위의 것이 포함되지 않지만, 위의 것을 구하면 아랫것은 의당 포함된다는 원리다. 그러니 어떻게 해야 하겠는가. 아랫것을 무시하지 않은 채 먼저 위의 것을 구하는 것이 상책이다.

희망기도 1단계,
입을 크게 벌려라

앞에서 믿음기도가 말씀을 붙잡고 바치는 기도라고 한다면, 희망기도는 꿈을 붙잡고 드리는 기도임을 밝혔다. 그렇다면, 어떻게 희망기도를 바치는 것이 바람직할까. 편의상 3단계로 설명할 수 있다.

희망기도 1단계는 입을 크게 벌리는 것이다. 주님은 우리가 입을 작게 벌리는 기도를 원하지 않으신다.

"네 입을 한껏 벌려라, 내가 채워 주리라"(시편 81,11).

혹자는 반문할지도 모른다. "아니 언제는 욕심부리지 말라고 하고 또 여기서는 욕심을 내라 하고, 도대체 어느 장단에 맞춰야 옳은 거지?"

욕심에도 거룩한 욕심이 있다. 금방 앞에서 언급한 것처럼 성령이 주시는 욕심이다. 이런 욕심은 크게 가져야 한다. 반면, 몹쓸 욕심도 있다. 바로 악령이 주는 욕심이다. 이런 것은 미련 없이 놓아야 한다.

엘리사 예언자에게는 자신을 따라다니는 제자들이 있었다. 그런데 한 제자가 일찍 죽어서 그의 부인이 과부가 되었다. 하루는 과부가 엘리사에게 찾아와 도움을 청했다(2열왕 4,1-7 참조).

"빚을 갚지 못해서 두 아들이 노예로 팔려갈 지경이 되었습니다. 우리를 도와주십시오."

"내가 뭘 도와줄꼬? 집에는 무엇이 남아 있느냐?"

"집에는 조그마한 기름 한 병밖에는 없습니다."

"옳거니, 좋은 수가 있다. 가서 그릇을 있는 대로 다 빌려와서 준비하여라."

과부는 동네에 가서 이웃집 그릇을 빌려 왔다. 엘리사가 준비된 모든 그릇에 기름을 붓자 그릇이 다 채워졌다. 이에 부인이 아쉬워하며 이렇게 말하였다.

"아이고, 이거 내가 잘못했구나. 이럴 줄 알았으면 더 많은 그릇을 얻어 올 걸. 그러면 더 많은 기름을 얻는 건데……."

무슨 뜻인가?

"아이쿠, 입을 조금만 크게 벌렸으면 큰 거 받는 건데……."

이 이야기는 하나의 상징이다. 하느님께서 베푸시는 은총을 기왕이면 많이 청하고 크게 청하라는 메시지가 담겨 있는 영적 이벤트인 것이다. 사도 바오로 역시 우리에게 권면한다.

"여러분은 더 큰 은총을 간절히 청하십시오"(1코린 12,31).

주님께서는 우리에게 이렇게 바람을 넣으시는 분이다. 스케일 좀 있게,

입을 크게 벌리고 청하자.

   미국에서 있었던 실화다.

   미국 미시간 주의 성 요셉 고아원에 한 명의 문제소년이 들어왔다. 그는 원생들과 싸움을 일삼았다. 하지만 베라다 선생은 끊임없이 소년을 격려했다.

   "하느님은 너를 매우 사랑하신단다. 큰 꿈을 가지렴."

   그렇지만 소년의 행동은 변하지 않았고, 결국 퇴학까지 당하고 말았다. 이후 소년은 비로소 베라다 선생의 소중한 가르침을 깨닫고 피자가게에 취직하여 최선을 다했다. 그러다 피자 한 개를 11초에 반죽하는 자신의 탁월한 솜씨를 발견하였다. 그때부터 그는 베라다 선생이 심어 준 '큰 꿈'을

품기 시작하였다. 결국 그는 자신의 꿈을 실현하기 위해 회사를 설립하였
는데 바로 미국에서 두 번째로 큰 '도미노피자'다.

그의 이름은 토머스 모나한. 토머스는 자신이 번 돈으로 수많은 청소년
들에게 장학금을 지급하며 방황하는 청소년들에게 이렇게 외친다고 한다.

"하느님이 너와 함께 하신다. 꿈을 크게 가져라!"[4]

꿈을 품고 입을 크게 벌리면 이처럼 좋은 일이 생긴다.

희망기도 2단계, 바라보라

주님께서는 아브라함에게 비전을 주실 때, 먼저 '바라보게' 하셨다.

"아브라함, 너 동서남북을 한번 바라봐라. 동쪽의 끝이 보이니? 서쪽의 끝이 보이니? 남쪽도 북쪽도 끝이 안 보이지? 그리고 너의 발로 실컷 걸어 봐라. 다 네 것이다. 그리고 이 모든 것을 네 후손에게 영원히 주겠다"(창세 13,14-17 참조).

주님은 이처럼 시청각을 활용하셨다. 무엇을 표현할 때 온몸을 동원해서 직접 체험하게 되면 90%가 기억에 남는다고 한다. 이런 이유로 하느님은 아브라함에게 비전을 주실 때 일부러 시각효과를 이용하셨다. 그리하여 자꾸 바라봄으로써 이 꿈이 아브라함 안에 '희망 DNA'로 각인되었다. 그리고 500년 후에 이 꿈은 모두 이루어졌다.

우리도 꿈을 품으려면 이 정도는 품어야 한다. 오바마 대통령이 당선되기 전, 필자는 미국 순회 강의에서 이렇게 말했다.

"여러분, 아메리카 드림을 품고 미국에 왔으면 아브라함이 품었던 꿈 정도는 품어야 되는 거 아닙니까? 여러분, 500년 내에 미국 대통령으로 한국 사람이 나올 겁니다."

필자는 확신한다. 이 꿈은 더 일찍 당겨질 것이다. 벌써 미국 대통령으로 흑인인 오바마가 당선되지 않았는가. 하느님은 이를 이루시려고 흑인을 먼저 대통령으로 당선시키셨다. 다음 대통령은 언젠가 황인종에서 나올 것이다.

어쨌든 하느님께서는 아브라함에게 바라봄의 법칙을 작용시키셨다. 야곱에게는 아예 그 법칙을 활용하게 하신다. 앞에서 야곱 이야기를 할 때 생략했던 대목으로 다시 돌아가 보자.

도망자 야곱은 20년 동안 삼촌 라반 집에 살면서 생고생만 했다. 꾀가 많았던 라반이 자신의 딸 두 명을 이용하여 돈 한 푼 안 들이고 야곱을 부려먹은 것이다. 그러다 보니 야곱은 라반의 집에서 20년이 지났는데도 재산이 하나도 없었다. 결국 억울함을 느낀 야곱이 기도한다.

"야훼 하느님, 장자권이 이런 겁니까? 제가 이걸 얻으려고 그렇게 기를 썼는데, 20년간 노력을 해도 장자권의 축복은 보이질 않으니 어떻게 해야 하겠습니까?"

이에 하느님께서는 야곱에게 딱! 지혜를 주신다(창세 30,31-33 참조).

"그동안 내가 일부러 고생시킨 건데 20년이면 이제 됐다. 이제 장자권 효력을 발동시켜주마. 이제 어떻게 하냐면 말야. 일단, 네가 돌보고 있는 라반의 양과 염소 중, 얼룩지고 점 박힌 것들을 세어 봐라. 그런 다음, 라반한테 가서 그것들을 품삯으로 달라고 얘기해. '하얗고 깨끗한 것들은 가지시고

요런 흠 있는 것들은 저에게 주십시오' 그러면 줄 거야. 몇 마리 안 되거든. 그리고 말로만 계약 맺지 말고, 사인까지 받아. 라반이 암만 머리가 좋아도 네 꾀에 당할 거야.”

그다음이 아주 중요하다.

“자, 이제 이렇게 하거라. 나무를 벗기면 그 안에 얼룩무늬가 있지? 그거 좋은 종자인 양과 염소들이 마시는 물통에다 세워놔 둬봐”(창세 30,37-38 참조).

야곱은 주님께서 시키는 대로 하였다. 그랬더니 하얗고 깨끗한 양과 염소들이 물을 마시며 그 앞에서 교미를 하였다. 이들의 새끼는 희한하게 얼룩무늬를 띠고 나왔다(창세 30,39 참조). 오늘 말로 치자면 유전자 변형이 된 것이다. 곧 보는 대로 조작되었다. 이것이 ‘바라봄의 법칙’이다.

결국 우수한 양과 염소는 야곱 차지가 되었다. 이때부터 야곱은 축복을 받기 시작한다.

이처럼 ‘바라봄’은 우리 가정에서도 매우 중요하다. 백날 잔소리해 봤자, 한 번 보여준 것만 못하다.

이는 보는 것이 우뇌의 영역이고, 듣는 것이 좌뇌의 영역이기에 그렇다. 빙산이 하나 있다 치면, 좌뇌는 수면 위에 떠 있는 빙산의 일부분에 해당하고, 우뇌는 수면 밑에 가라앉은 빙산의 대부분에 해당한다. 즉, 우뇌의 잠재의식, 무의식이 좌뇌의 의식보다 더 강력한 영향력을 가진다. 그러기에 부모가 보여주는 대로 자녀들은 아웃풋이 나오게 되어 있다.

그러니 특히 부모들이라면 명절 때 잘해야 한다. 명절만 되면 신나서 해

외여행 가는 이들, 나중에 자녀들이 커서 명절 때 인사 오리라 절대 기대해서는 안 된다. 자녀들은 이미 보고 배웠기 때문에, 명절이 되면 '아! 보따리 싸들고 해외여행 가는 날!'이라고 생각한다. 그러니 나중에 자녀들에게 대접받고 싶으면 지금부터 미리 보여주는 것이 지혜다. 명절이 되면, "얘들아, 할아버지 할머니 집에 가자" 하며 부모님 집 찾아가고, 꼭 애들 보는 앞에서 용돈도 드릴 일이다.

"공부 좀 해라" 하고 매일 잔소리할 필요도 없다. 부모가 먼저 열심히 책 읽으면 애들도 가서 책 읽고, 공부한다.

"기도 좀 해라" 하고 말해 봤자 소용없다. 부모가 먼저 신이 나서 기도하는 모습 보여줘야, 자녀들도 기도한다. 이를 두고 어떤 이들은 이렇게 의문을 제기할지도 모르겠다. "주님께서는 골방에 가서 혼자 기도하라고 하셨잖아요?" 우스갯소리지만, 요새는 주님께서 그 말씀을 취소하셨다. 왜인가? 하도 자녀교육이 안 돼서 주님께서 이렇게 말씀을 바꾸셨다.

"기도할 때는 자녀들 보는 데에서 하라."

그래야 우리 아이들이 보고 배우는 것이다.

이것이 바로 바라봄의 법칙, 희망의 법칙이다.

바라봄의 힘은 실로 놀랍다.

2차 대전 당시 미국 태평양 함대 사령관이었던 니미츠가 소위로 근무할 때의 일이다. 어느 날 니미츠가 근무하는 함대에 중요한 행사가 열려, 해군 대장이 방문하였다. 그런데 순간 그의 계급장이 갑자기 망가지는 일이 발생하였고, 당황한 그는 전 함대에 급히 전보를 쳤다.

"대장 계급장을 갖고 있는 자는 즉시 신고할 것!"

하지만 그 함대엔 대장급 장군이 없었다. 결국 계급장 없이 행사는 그럭저럭 끝났다.

그런데 뒤늦게 작은 함정에서 연락이 왔다. 비록 행사는 끝났지만 해군 대장은 누가 대장 계급장을 갖고 있는지 궁금했다. 알고 보니 햇병아리 소위 니미츠였다.

"아니, 소위인 자네가 어떻게 대장 계급장을 갖고 있지?"

대장의 물음에 니미츠는 멋쩍은 듯 허나 당당하게 대답했다.

"예! 제가 소위로 임관할 때 애인이 선물로 준 것입니다."

자신감 있는 니미츠의 태도가 마음에 든 대장은 그를 격려했다.

"자네, 정말 대단한 애인을 두었군. 열심히 노력해서 꼭 대장이 되도록 하게."

그 뒤 니미츠는 최선의 노력 끝에 많은 공을 세웠고, 마침내 대장으로 승진했다. 대장 계급장을 선물했던 그의 애인은 후에 니미츠의 부인이 되었다.[5]

선물도 이처럼 앞을 내다 보고 머리를 써서 선택해야 한다. 참고로 덧붙이거니와 이렇게 우리가 희망을 품고 바라보는 것이 이루어지도록 연합하여 돕는 것이 바로 '믿음'이다.

성경에는 이렇게 기록되어 있다.

"믿음은 우리가 바라는 것들의 보증이며 보이지 않는 실체들의 확증입니다"(히브 11,1).

결국, 두 가지가 연합한다. 바라보지 않으면 믿음도 혼자 일할 수가 없다.

희망기도 3단계,
응답이 올 때까지 매달리라

희망기도 3단계는 응답이 올 때까지 매달리는 것이다.

기도에 관한 저술가로 유명한 E. M. 바운즈는 이렇게 얘기한다.

"하늘에서는 변덕스러운 요청에 냉담하고, 나약한 열정과 성의 없는 기도와 영적 게으름에 하느님이 감동하지 않는다."[6]

하느님을 감동시키려면, 우선 간절함이 있어야 한다. 그렇다면 간절한 기도는 어떻게 하는 것인가? 마더 데레사는 그 비법을 알고 있었다. 하루는 어떤 사람이 마더 데레사를 찾아와 물었다.

"어떻게 하면 기도를 잘 할 수 있나요?"

"기도하면 기도를 잘 할 수 있죠. 더 기도를 잘 하고 싶으면 더 많이 기도하세요."[7]

정답이다. 질로 안 되면 양으로 하는 것이다. 잘 하는 기도를 하려 하지 말고, 많이 기도하다 보면 잘 하는 기도를 할 줄 알게 된다. 거기에 간절함이 배어 있기 때문이다.

하느님을 감동시키려면, 다음으로 끈질김이 있어야 한다. 개신교 기도의 사부 중 한 사람인 조지 뮬러는 이렇게 말한다.

"기도를 시작하는 것이나 올바르게 기도하는 것만으로 충분하지 않다. 그리고 얼마 동안 기도를 계속하는 것만으로도 충분하지 않다. 응답을 얻을 때까지 인내와 믿음으로 계속 기도하여야 한다."[8]

이 짧은 권고 속에 기도의 정석이 잘 제시되어 있다. 그가 터득한 기도 수칙을 음미해 보자.

첫째, 우선 기도를 시작하라. 아직도 기도 안 하는 사람이 무지 많다. 그러니 일단 시작할 일이다.

둘째, 올바르게 기도하라. 이는 혹시 하느님과의 관계가 제대로 설정이 안 되었으면서 기도하는지 살펴봐야 한다는 말이다. 기도하기 전에 관계 회복이 우선돼야 한다.

사실, 진짜로 응답 받고 싶다면 고해성사를 보고 기도할수록 유리하다. 관계가 회복이 안 됐는데 아무리 얘기해 봐야 무슨 소용이 있겠는가. 일단 사이좋게 만든 다음, 해달라고 청해야 들어주신다. 그러니 주님께서 지금 '내'게 뿔나셨는지, 섭섭하신지, 등을 돌리셨는지 확인한 다음, 다시 '나'를 바라보게 만들고 '내'게 신뢰를 주실 때 청해야 한다. 이것이 올바르게 기도하는 요령이다.

셋째, 오래도록 기도하라. 일단은 인내를 가지고 기도하라는 것이다.

그런데 이것만 가지고는 되지 않는다. 그 다음 넷째가 제일 중요하다.

넷째, 응답이 올 때까지 기도하라. "당연한 거 아냐?" 하고 의문이 드는 이들, 항상 답은 당연하다. 실천이 쉽지 않아 문제다.

조지 뮬러는 이 방법을 갖고 기도하여 결국 오만 번 기도 응답 받는 쾌거를 남겼다.

성경에서 다니엘의 21일 금식기도는 아주 유명하다. 사실, 다니엘이 항상 이렇게 기도한 것은 아니었다. 그의 기도는 항상 즉방으로 응답을 받았다. 하느님이 지혜를 주셔서 해몽의 능력도 갖고 있던 책사였다. 책사는 요즘으로 치자면 국가의 비서관 내지 기획관으로, 그는 국가 현안이 달려 있는 사안이 생기면 항상 주님께 지혜를 청하는 기도를 해서 바로 응답을 받았다.

그런데 하루는 아무리 기도를 해도 응답이 오지 않았다. 그래서 21일 동안 금식기도를 하고 나서 가브리엘 천사를 통해 응답 받았다. 가브리엘 천사의 말은 이랬다.

"사실, 당신이 기도한 첫 날, 내가 기도 응답을 배달하러 나왔는데 마귀가 자꾸 방해를 해서 마귀하고 싸우느라고 지체됐습니다. 결국 안 되겠다 싶어 미카엘 대천사를 불러가지고 거기 지금 싸움 붙여놓고, 나는 지금 빨리 온 것입니다. 그래서 늦었습니다"(다니 10,12-13 참조).

하느님께서는 우리가 기도할 때 바로 응답을 주시지만, 이처럼 지체될 때가 있다. 만일, 다니엘이 중간에 기도를 관뒀으면 어떻게 되었을까? 가브리엘 천사가 응답을 들고 오다가 도로 가버렸을 것이다.

그러니 우리도 다니엘처럼 포기하지 않고 끝까지 기도할 일이다.

앞서 소개한 E.M. 바운즈의 멋진 말로 마무리를 대신한다.

"끈질기게 기도하라. 지옥이 엄청난 타격을 받기까지 기도하며, 두꺼운 철문이 열리기까지 기도하며, 산 같은 방해물이 사라지기까지 기도하며, 안개가 사라지고 구름이 걷히며 햇살이 비칠 때까지 진정으로 기도하기는 참으로 어렵다. 〔…〕 아무 음성도 들리지 않는데 끈질기게 기도하며 기다리기란 쉽지 않다. 그러나 하느님이 응답하실 때까지 기다려야 한다. 기도 응답의 기쁨은 산통을 견딘 어머니의 기쁨이며, 사슬을 벗고 새로운 삶과 자유를 얻은 노예의 기쁨이다."[9]

넷.
희망의 성장

확실한 것은 우리가 발 디디고 살고 있는 이 지상의 여정이 언젠가는 끝난다는 사실이다. 그리고 우리가 여태 보지 못했던 전혀 새로운 세상이 우리 눈앞에 열리게 될 것이라는 사실이다. 이것이 어떤 고통과 절망 속에서도 우리가 끝까지 희망의 끈을 놓지 말아야 하는 이유다. "우리는 보이지 않는 것을 희망하기에 인내심을 가지고 기다립니다"(로마 8,25). 희망이 있는 사람은 기다릴 줄 안다. 하염없이, 기복없이, 의심없이 기다릴 줄 안다. 그것도 사위지 않는 설렘으로 기다릴 줄 안다. 아니, 첫 번째 두근거림으로 한결같이 기다릴 줄 안다.

높은 곳으로부터의
초대

어느 신학자의 조사에 의하면, 복음서를 통틀어서 사람들이 질문거리를 들고 예수님을 찾아왔던 경우는 183차례나 되지만 예수님이 거기에 직접적인 답을 주셨던 사례는 단 세 차례에 불과하다고 한다. 예수님은 곧이곧대로 해답을 내놓기보다 다른 질문을 던진다든지, 비유를 들어 설명한다든지, 아예 엉뚱한 몸짓으로 대답을 대신하셨다.[1]

이것이 예수님의 소통법이다. 이는 또한 예수님께서 우리의 기도에 응답하시는 방법이기도 하다. 우리가 기도한 것을 그대로 주실 때도 있지만, 바꿔서 주시기도 하고 당신 방식으로 주시기도 한다. 이는 그분의 차원 높은 안목이 담긴 접근법이다.

그러니 우리가 바라는 대로 응답 받길 원하는 것은 하느님의 은혜를 축소시키는 일이다. 주님께서는 우리가 희망 사다리를 타고 점점 더 높이 올라가기를 원하신다.

    기도 연구가들은 하느님께서 우리에게 응답하시는 방법을 기발하게 설명하기도 한다.[2]

첫째, '오냐 주마'Yes 식의 응답이다.

어떻게 됐든 예스, 오케이! 주신다는 것이다. 그것도 금방 주신다는 말이다.

둘째, '안 돼'No 식의 응답이다.

사실 '안 돼' 하시는 것도 응답이다. 그렇다면 왜 안 된다는 건가? 틀림없이 잘못된 것을 구했기 때문이다. 이번 기회에 이 책에서 제대로 된 기도 방법을 잘 배워서 제대로 구해 보자.

셋째, '기다려라'Wait 식의 응답이다.

아직 때가 아니라는 뜻이다. "타이밍 딱 맞을 때가 있으니 기다려라" 하시는 메시지다. 또 여기에는 스케일의 차이가 반영되어 있다. "더 큰 것을 준비하고 있으니 기다려라"는 의미도 서려 있는 응답이다.

성녀 모니카는 아들 아우구스티노가 향락과 이단에 빠져 속 썩였을 때, 17년 동안 기도하였다. 사실, 하느님께서 모니카 성녀를 기다리게 한 것은 다른 뜻이 있으셨던 것이다. 곧 아들 아우구스티노를 큰 인물로 만들어 주시기 위함이었다. 그리하여 천 년에 한 번 나올까 말까 한 대학자로 만드셔서 응답해 주셨다.

넷째, "다른 것을 주마"Other 식의 응답이다.

청한 것 말고 더 좋은 것을 주시겠다는 말씀이니 무슨 설명이 더 필요할까.

여하튼, 주님은 우리에게 이 네 가지 방법으로 응답을 주신다.

우리는 이를 영적으로 잘 알아들을 필요가 있다. 여기에는 깊은 뜻이 있다. 곧 주님께서는 이 과정을 통해서 우리를 매번 한 단계 한 단계 업그레이드 시키신다는 것이다. 그러기에 "Yes" 하고 응답을 주실 때는, 사실 지금 내가 업그레이드되고 있는 것이 아니다. 오히려 'Yes'를 너무 좋아하면 퇴보한다.

아무리 기도해도 이루어지지 않을 때, 우리는 깨달아야 한다. 애들에게는 군것질거리를 잘 사주지만 점점 어른이 돼 갈수록 안 사주는 것처럼 "No"는 이런 의미다. 성숙하니까 "안 된다"고 하시는 깊은 뜻이 서려 있다. 우리의 수준이 점점 높아지니까 더 높은 단계로 초대 받고 있는 셈이다.

그다음 주님은 "기다리라"고 하신다. 우리가 무르익을 때까지 영적으로 성숙할 때까지 기다리라고 하신다.

마지막으로 주님은 "다른 것을 받아라"고 하신다. 사실 이때야말로 우리가 주님께로부터 확실하게 초대 받고 있는 때다. 주님께서는 "이제 더 좋은 차원으로 올라 와라" 하고 구조조정을 하고 계신 것이다.

그러니 우리가 진정으로 슬퍼해야 할 때는 언제인가? 주님께서 "Yes" 하실 때다.

"한 단계는 올라가야 하는데, 너무 이렇게 쉽게 주시면 나 상급 학년 못 올라가는데……" 이렇게 말이다.

바오로 사도는 말한다.

"위에 있는 것을 생각하고 땅에 있는 것은 생각하지 마십시오"(콜로 3,2).

초보자의 기도는 땅에 있는 것을 구하는 것과 같다. 그렇지만 기도를 하면 할수록, 점점 위엣것을 청하게 되어 있다.

유명한 영성가 C.S. 루이스의 지적은 적나라하다.

"우리 주님은 우리의 갈망이 너무 강하기는커녕 오히려 너무 약하다고 말씀하실 듯합니다. 우리는 무한한 기쁨을 준다고 해도 술과 섹스와 야망에만 집착하는 냉담한 피조물들입니다. 마치 바닷가에서 휴일을 보내자고 말해도 그게 무슨 뜻인지 상상하지 못해서 그저 빈민가 한구석에서 진흙과이나 만들며 놀고 싶어 하는 철없는 아이와 같습니다. 우리는 너무 쉽게 만족합니다."[3]

루이스의 말을 바꿔보면 이런 뜻일 것이다.

"아이고, 사람들 기도하는 거 보니까 너무 시시한 것들만 기도합니다. 그러고 그거 받고 좋다고 난리들입니다. 꼭 그 모양새가 진풍경인 바닷가에 가서 바다는 구경도 안 하고 그 주위에 있는 별장에 들어가서 파이나 구워먹는 격이네요. 그럴 거면, 뭐 하러 바다에 간 겁니까?"

그만큼 우리가 청할 것은 많다!

독일의 신비가 안젤로 살레시오는 이렇게 말하였다.

"하느님, 당신은 어이 그리 크신지요? 당신은 우리를 사랑하시어 크나큰 것을 주셨는데, 불행하게도 우리의 마음은 그런 것을 받기에는 너무 작습니다."[4]

주님은 많이 주시려고 하는데 우리가 너무 적게 청해서 문제다. 우리가 늘 듣는 얘기다.

아빌라의 데레사 성녀는 말한다.

"하느님의 가장 위대한 것을 요청할 때 당신은 하느님을 찬양하는 것이다."[5]

"쩨쩨한 거 청하면 하느님 찬양이 아니니 위대한 것을 청하라"는 말이다.

희망
사다리

저렇듯 기도의 나그네들은 하나같이 우리의 희망이 날로 성장해야 함을 역설한다.

그렇다면 우리의 희망은 어떻게 성장해야 할까? 필자는 이를 궁굴려 도해로 그려봤다. 이 도해에는 우리 희망이 어떻게 성장하는지 잘 나타나 있다.

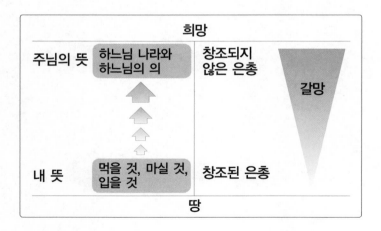

우선, 하단 부분은 '땅'을 뜻한다. 이곳은 우리가 살고 있는 세상이다.

다음으로, 상단 부분은 '하늘'을 가리킨다.

주님께서는 말씀하셨다.

"너희는 '무엇을 먹을까?', '무엇을 마실까?', '무엇을 차려입을까?' 하며 걱정하지 마라. 〔…〕하늘의 너희 아버지께서는 이 모든 것이 너희에게 필요함을 아신다. 너희는 먼저 하느님의 나라와 그분의 의로움을 찾아라. 그러면 이 모든 것도 곁들여 받게 될 것이다"(마태 6,31-33).

'먹을 것', '마실 것', '입을 것'은 땅에서 우리가 구하는 것들이다. 주님께서는 이들을 "하여간 챙겨줄게"라고 하셨다. 다만 '하느님 나라'와 '하느님 의'를 먼저 구하라고 하셨다. 그리하면 이 모든 것을 곁들여 받게 될 것이라는 얘기다.

여기서 중요한 진리가 하나 있다. 바로 우리가 요청하는 지평이 우리 하늘의 높이이며, 이것이 우리 삶의 질을 결정한다는 사실이다.

앞의 도해를 가로로 정 가운데에 볼펜으로 선을 그어보자. 그리고 그 선에 눈높이를 맞춰보자. 선 위엣것이 잘 보이는가? 아랫것이 잘 보이는가? 밑엣것은 잘 보이는데 위엣것은 잘 안 보인다. 바로 그것이 문제다.

한번 우리의 눈높이를 위로 올려 보자. 우리의 지평이 높아지면 높아질수록 밑엣것은 당연히 포함되면서 위엣것까지 잘 보인다. 결국 땅에서 구하는 것까지 다 받는다는 얘기다. 이처럼 우리는 하늘과 땅이 다 보이는 저 위로 가야 한다. 이것이 예수님이 얘기하시는 전망이다.

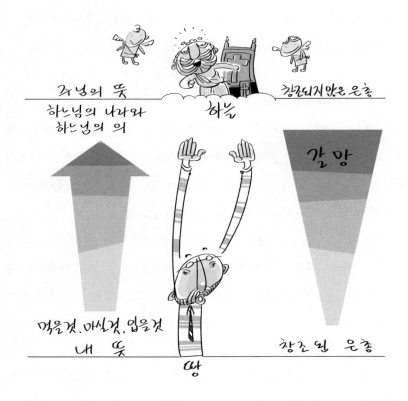

앞에서 언급했던 대로, 우리가 기도할 때 주님께서 "Yes" 하시는 것은 땅에서의 "Yes"다.

주님은 우리가 좀 무르익으면 "No" 하신다고 했다. 기왕이면 그때 우리는 뭘 청해야 하겠는가? 하늘의 것을 청해야 한다. "No", "Wait", "Other" 들은 전부 다 위에 있는 것들이다. 주님께서는 이처럼 점점 우리를 위로 초대하신다.

전통적으로 우리 희망의 대상을 쉽게 말해 은총恩寵이라 부른다. 은총은 무엇인가? 은총의 은恩은 '은혜'라는 뜻이고, 총寵은 '사랑'이라는 뜻이다. 이 말뜻대로라면 은총은 주님께서 우리에게 주시는 공짜 선물이다.

대가 없이 주시는 것을 우리가 거저 받고 감사드릴 따름이다. 이것이 주님의 계산법이다. 당신께서 주시는 것은 절대 값으로 매길 수 없기에 그저 우리가 드릴 수 있는 것은 감사일 뿐이다.

그런데 이 은총에는 '창조되지 않은 은총'이 있고 '창조된 은총'이 있다.

먼저, '창조된 은총'이란 무엇인가? 성당을 다니면서 받는 모든 것들은 다 느낌 있는 '은총'이다. 어떤 사람은 도움을 받고, 어떤 사람은 평화를 얻고, 어떤 사람은 행복을 얻고, 어떤 사람은 능력을 받는다. 그러기에 은총은 추상적이지 않고 굉장히 구체적이다. 이런 것을 '창조된 은총'이라고 한다. 즉, 만들어진 은총, 모양새가 있는 은총으로 하느님의 사랑을 통해 베풀어진 모든 것을 말한다.

그런데 이보다 더 좋은 것이 '창조되지 않은 은총'이다. 이는 하느님의 존재 자체, 즉 당신의 사랑으로 인간에게 당신 자신을 스스로 통교하시는 아버지, 아들, 성령을 의미한다.

이해를 돕기 위하여 가정의 예를 들어보자. 부부생활에서 창조된 은총은, 예컨대 결혼기념일에 받은 선물을 다 합친 것, 그것이 창조된 은총이다. 흔히 우리는 그것들만 놓고 좋아한다. 그렇다면 창조되지 않은 은총은 무엇인가? 배우자 자체다. 그런데 배우자 마음속에는 더 큰 선물이 들어 있다. 아직 물건으로 사지 않아서 그렇지, 마음속에는 더 많은 것을 사주고

싶어 하는 사랑이 들어 있는 것이다.

　그렇다면 선물을 품고 있는 그 사람이 좋은 걸까, 진짜 선물 보따리가 좋은 걸까? 물론 그 사람이 더 좋다. 그 사람을 가지면 다 가질 수 있지 않는 가! 마찬가지로 하느님을 가지면 다 갖는 것이다. 창조되지 않은 은총인 하느님 자신은 시쳇말로 요술방망이인 셈이다. 금 나와라 뚝딱 하면 금 나오고 은 나와라 뚝딱 하면 은이 나오게 되어 있으니.

　한 가지 유념할 것은, 창조된 은총에서 창조되지 않은 은총으로 껑충 뛰어갈 수는 없다. 차곡차곡 올라가야 한다. 궁극적으로 하늘에 있는 '창조되지 않은 은총'을 진짜로 누리는 사람은 땅에 있는 '창조된 은총'을 받아 본 사람이다. 그러니 기도의 초보에 있는 사람들은 일단 '먹을 것', '마실 것', '입을 것'을 구하고, 그 다음서부터 차원을 높여 가는 것이 정도라 할 수 있다.

참고로, 창조되지 않은 은총을 누리는 비법을 예수님께서 공개하셨다. 그것이 바로 참된 행복 8가지다. 이를 필자는 졸저 『행복 선언』에서 하나하나 풀어 현대인을 위한 행복비법으로 소개하여, 신자가 아닌 기업특강 주제로도 많이 추천 받고 있다.

영원한
풋내기

아직 멋모르고 글을 쓸 때, 필자는 성경에 나오는 기도의 모범들을 일컬어 '기도의 대가'라는 이름을 붙여준 적이 있다. 이를 단박에 깨트린 것이 토마스 머튼의 고백이었다.

"기도의 초보자가 되고 싶지 않다. 그러나 분명히 알고 넘어가야 할 사실이 있다. 우리는 무조건 풋내기다. 아무리 세월이 흘러도 마찬가지다."[6]

맞는 말이다. '기도의 대가'는 없다. 그런 말도 없고 그런 사람도 없다. 기도에 관한 한 우리는 모두가 영원한 풋내기다.

그렇다면, 기도의 풋내기로서 우리가 취할 태도는 어떠해야 할까. 필자는 그 답의 일단을 한 선교사에게서 발견했다.

1987년 '오토 쾽'이라는 선교사가 파푸아뉴기니에 갔을 때다. 도착하자마자 그의 부인은 의료선교를 하기로 하고, 쾽은 파인애플을 재배하여 선교자금을 마련하기로 했다. 시간이 지나 파인애플이 풍성히 열매를 맺기 시작했다. 그런데 날만 새면 열매가 없어져버렸다. 나중에는 선교사의 집 안 물건들까지 없어지기 시작했다.

할 수 없이 쾅은 며칠 동안 두 눈 부릅뜨고 파인애플 밭을 감시하다가 결국 큰 개를 데려와 지키도록 했다. 그런데 그때부터 원주민들이 선교사 내외를 피하기 시작했다. 쾅은 밤새워 하느님께 기도하기 시작했다.

"하느님, 어떻게 해야 좋지요? 방법을 가르쳐 주십시오."

그때 하느님의 음성이 쾅의 마음속에 들렸다.

"그 밭은 나에게 맡겨라."

다음 날 쾅은 동네의 한 청년에게 말했다.

"이 밭을 다른 분께 맡겼으니 이제 마음대로 하시오."

소문은 즉각 온 동네에 퍼졌다. 그런데 신기하게도 그때부터 파인애플을 도둑질해가는 사람이 없었다. 쾅이 그 이유를 물었더니 한 사람이 긴장된 얼굴로 답했다.

"선교사님 밭의 주인이 바뀐 날부터, 과일을 따 간 사람의 집에는 불이 나거나 병에 걸리거나 재앙이 생기기 시작했습니다. 도대체 그 밭을 누구에게 주신 것입니까?"

쾅은 하늘을 가리키며 대답했다.

"우리 하느님께 드렸습니다."

그러자 질문했던 사람이 "아이고, 그 신은 밤에도 자지 않고 세상을 살피십니까?" 하며 하느님 앞에 무릎을 꿇었다.[7]

  선교사 쾡이 자신의 방법을 썼을 때는 모든 것이 속수무책이요 무용지물이었다. 하지만 그가 주님께 몽땅 맡기니까 기막힌 방법으로 문제가 해결되었다. 이렇듯이 주님께서 하시는 일은 우리의 상상을 뛰어넘고 경이롭다.

눈물을
닦아 주리라

희망의 절정은 누가 뭐래도 종말 희망이다. 그리스도교에서 종말은 '끝장'이 아니라 '완성'을 의미한다. 알파요 오메가, 처음이요 마지막이신 하느님께서 처음에 품으셨던 '축복'(창세 1,28 참조)의지를 끝까지 관철하시어 마침내 영원한 절정을 이루신다고 기대하는 것이 우리의 마지막 희망 아닌가!

요한 묵시록은 '그날'에 대해 실감나게 묘사해 준다.

"하느님 친히 그들의 하느님으로서 그들과 함께 계시고 그들의 눈에서 모든 눈물을 닦아 주실 것이다. 다시는 죽음이 없고 다시는 슬픔도 울부짖음도 괴로움도 없을 것이다"(묵시 21,3-4).

얼마나 좋은 세상인가. 눈물도, 죽음도, 슬픔도, 울부짖음도, 괴로움도 없는 세상. 묵시록은 그 세상이 미구에 도래할 것을 예고한다.

과연 그 나라는 어디 있는가. 물론 죽음 저 너머의 세상이 그런 나라일 것이다. 하지만 그것만이라면 이 세상에서 우리의 삶은 너무도 고달플 것이다. 그런데 여기 이 말씀에 희망의 단서가 있다. 바로 '하느님 친히 그들의 하느님으로서 그들과 함께 계시고'라는 대목이다. 이 말씀은 '지금' '이미' 우리에게 위로가 된다. 왜냐하면 하느님께서 '그들과 함께' 계실 때, 이미 지상에서 저 꿈의 세상이 임하기 때문이다.

그렇다! 주님께서 우리와 함께 계시면 만사 오케이다. 아니 '내'가 주님을 떠나지만 않는다면 그 나라는 이미 '나'와 함께 있다. 왜? 주님은 항상 '나'와 함께 계시는 '임마누엘'이시기 때문에.

요한 묵시록은 '그 나라' 한복판에 생명의 강이 흐른다고 시적으로 그린다.

"그 강은 하느님과 어린양의 어좌에서 나와, 도성의 거리 한가운데를 흐르고 있었습니다. 강 이쪽저쪽에는 열두 번 열매를 맺는 생명 나무가 있어서 다달이 열매를 내놓습니다. 그리고 그 나뭇잎은 민족들을 치료하는 데에 쓰입니다(묵시 22,1-2).

강둑에 생명 나무가 사시사철 열매를 낸다고 했다. 그리고 그 나뭇잎이 민족들의 모든 상처를 치유한다고 했다. 모름지기 이 상처에는 그동안 우리가 지상에서 쌓아 놨던 모든 절망과 증오와 원한들도 포함되었으리라. 물론 이름도 얻지 못한 채 가슴 깊이 묻혀, 목구멍을 넘어 나오지 못하고 있던 일체 신음까지도 내포되어 있으리라.

'그날' 모든 안개가 걷힐 것이다. 그동안 '나'와 진실 사이를 가로막고 있던 농무濃霧, '나'와 하느님 사이를 흑암으로 채워놓고 있던 운무雲霧가 이윽고 종적을 감출 것이다.

"우리가 지금은 거울에 비친 모습처럼 어렴풋이 보지만 그때에는 얼굴과 얼굴을 마주 볼 것입니다. 내가 지금은 부분적으로 알지만 그때에는 하느님께서 나를 온전히 아시듯 나도 온전히 알게 될 것입니다"(1코린 13,12).

그 날, 모든 허울과 너울이 벗겨질 것이다. 그 날, 모든 것이 밝혀지고, 모든 것이 드러나고, 바야흐로 지복직관至福直觀이 이루어질 것이다.

그런데, 오늘날 많은 이들이 '임사체험'臨死體驗이라는 이름하에, 천국에 잠시 다녀왔다며 체험담을 책으로 엮어 출간하고 있는 추세다. 이와 관련하여 굳이 책 제목을 언급하지는 않겠으나, 차제에 언급해둘 것이 있다. 곧 요즘 교회 내에서 읽히고 있는 책들 가운데 적지 않은 것들이 복음서의 종말진술과 합치하지 않는 내용을 담고 있다는 사실이다. 우리가 알고 있는 천국, 연옥, 지옥에 대한 정통교리는 모두 성경의 내용을 근거로 계시와 신학적 사유가 어우러져 형성된 것들이다. 그러기에 전적으로 믿을 만하다. 하지만 이런 책들의 내용은 대부분 종말에 대한 희망이 아니라 오히려 두려움만을 조장하는 내용들을 마치 공식적으로 인정된 진실인 양 기록하고 있다. 참고로 밝히거니와 심리학자들은 대부분 소위 임사체험이라는 것이 당사자의 심리상태가 반영되고 투사되어 그려낸 환상이라는 입장을 취하고 있다. 그러니 그런 것에 현혹되지 않는 것이 바람직하겠다. 우리에게

'그날'에 대해 가장 정확한 정보를 제공하고 있는 것은 성경 말씀 외에 없다고 보면 혼돈에 빠질 일도 없어진다.

그건 그렇고, 왜 '그 나라'는 '곧' 온다더니 이렇게도 더디 오는 걸까? 조급증으로 답답해 하는 이들에게 성경은 그 까닭을 밝혀준다.

"어떤 이들은 미루신다고 생각하지만 주님께서는 약속을 미루지 않으십니다. 오히려 여러분을 위하여 참고 기다리시는 것입니다. 아무도 멸망하지 않고 모두 회개하기를 바라시기 때문입니다"(2베드 3,9).

정곡을 건드리는 해명이다. 천국에 들어갈 자격을 상실한 죄인들 가운데 한 영혼이라도 더 구하실 요량으로 '회개의 기회'를 주시느라 이리도 더디다는 말씀이다. 그리하여 죄인들에게는 유예, 그 날의 도래는 유보! 주님의 자비는 오늘도 유예와 유보의 결단을 매 순간 내리고 계신 것이다. 이 얼마나 눈물겨운 자비인가!

확실한 것은 우리가 발 디디고 살고 있는 이 지상의 여정이 언젠가는 끝난다는 사실이다. 그리고 우리가 여태 보지 못했던 전혀 새로운 세상이 우리 눈앞에 열리게 될 것이라는 사실이다. 이것이 어떤 고통과 절망 속에서도 우리가 끝까지 희망의 끈을 놓지 말아야 하는 이유다.

"우리는 보이지 않는 것을 희망하기에 인내심을 가지고 기다립니다"(로마 8,25).

희망이 있는 사람은 기다릴 줄 안다. 하염없이, 기복없이, 의심없이 기다릴 줄 안다. 그것도 사위지 않는 설렘으로 기다릴 줄 안다. 아니, 첫 번째 두근거림으로 한결같이 기다릴 줄 안다.

사랑

하나.
사랑의 기초

사랑이신 하느님은 인간을 만들면서 모험을 하셨다. "자유를 줄까? 말까?"를 고민
하다가 "주자!" 하고 모험을 하셨다. 이 '자유'는 사랑의 절정이다. 왜 인간에게
자유의지를 주신 것일까? 사랑을 주고받기 위해서였다. [···] 그러기에 하느님께
서는 우리가 당신 앞에서 자꾸 주눅 드는 것을 원치 않으신다. 당신 앞에 엎드려
고개를 들지 못하는 우리 죄인들에게 사랑의 하느님께서 속삭이신다. "고개를 들
어라. 내 눈을 바라보아라. 나는 네 눈을 쳐다보고 싶지 네 머리통을 보고 싶은 게
아니야. 나는 너하고 사랑을 주고받고 싶어서 너를 만들었단다."

천상의 밀어

성경의 원어는 하느님께서 당신 백성과 소통하기 위하여 택하신 언어다.
그러기에 가히 '천상의 밀어'라 이름 붙여도 좋을 것이다.
이 언어를 익혀두면 영성적으로도 실존적으로도 큰 도움이 될 것이다.
어쩌면 막다른 골목에 처했을 때 한 줄기 동아밧줄이 될 수 있으리라.
이 천상의 밀어로 자신의 '사랑'을 풍요롭게 가꾸어 보자.

독일의 대문호 괴테는 이렇게 노래했다.

"우리는 어디서 태어났는가.
사랑에서.

우리는 어떻게 멸망하는가.
사랑이 없으면.

우리는 무엇으로 자기를 극복하는가.
사랑에 의해서.

우리를 울리는 것은 무엇인가.

사랑.

우리를 항상 결합시키는 것은 무엇인가.
사랑.”

그가 ‘사랑’이라는 낱말로 담아내고자 했던 알맹이는 과연 무엇이었을
까. 이 물음을 염두에 두면서 다시 사랑의 언어를 처음부터 배워보자.

‘사랑’을 뜻하는 대표적인 히브리어는 ‘헤세드’ chesed다. 자주 ‘자비’로
번역되기도 하는 헤세드는 계약을 충실히 지키는 사랑을 뜻한다. 부부가
결혼식에서 혼인 서약을 하듯, 사람과 하느님 사이에도 계약이 있었다. 하
느님은 이스라엘 백성과 이렇게 계약을 맺으셨다. “너희는 내 말을 지켜
라. 그러면 나는 너희 하느님이 되겠다”(탈출 6,7 참조). 여기서 둘 사이를 끈
끈하게 묶어주는 것이 헤세드다. 이 ‘헤세드’의 특징은 ‘끝까지 간다’는 충
실성이다. 그래서 “주님의 **자비**는 다함이 없다”(애가 3,22 참조)는 말씀까지
있다.

‘다함이 없다’는 것은 끝이 없다는 말이다. 이 말은 ‘내’가 사랑을 끝내
도 그분은 끝내지 않으신다는 뜻이다. 인간이 사랑을 접고 배반도 하고 등
을 돌려도, 하느님은 안 그러신다는 것이다. 이것이 하느님의 사랑이다.

‘사랑’을 가리키는 두 번째로 많이 쓰이는 히브리어는 ‘라함’racham이
다. 이 단어는 ‘연민’으로 번역된다. 라함은 본래 여성의 자궁 등 사람의 가

장 깊은 곳에 있는 '내장'을 가리킨다. 여기서 라함이 애간장 녹는 아픔, 슬픔을 머금은 '연민'을 가리키는 단어로 발전하였다. 이 '라함'은 한마디로 느낌이 있는 사랑을 일컫는다.

'사랑'을 의미하는 세 번째로 자주 등장하는 단어가 '하난'hanan이다. 이 단어는 '너그럽다', '용서를 베풀다'라는 뜻이 강조된 사랑의 의미영역을 이룬다.

사랑은 이렇게 풍요로운 의미를 지니고 있다. 조금 어려운 듯하지만, 이것만 기억하면 된다.

"하느님 사랑은 계약이 충실한 거구나! 하느님 사랑은 느낌이 있는 사랑이구나! 하느님 사랑은 자비와 관용이 넘치는구나!"

이 구약의 개념을 신약의 그리스어가 다 담아내기는 사실 쉬운 일이 아니었을 것이다.

일단, 히브리어 '헤세드'를 그리스어로 번역한 것이 '아가페'agape라 볼 수 있다. 이는 조건 없는 신적 사랑을 뜻한다.

다음으로 자주 등장하는 단어가 바로 '필리아'philia다. 이는 인간관계에서 사용되는 단어로 끼리끼리의 사랑, 곧 이해타산적인 사랑을 뜻한다. 예를 들어 '내 편', '우정', '가족 간의 사랑' 등이다.

끝으로 알아두어야 할 단어가 '에로스'eros다. '에로스'는 본능적으로 이끌리는 사랑, 황홀에 빠지는 사랑을 뜻한다. 요즘의 쓰임새로 인해 '에로스'는 억울하게도 금기어시 되었지만, 원래는 좋은 의미다.

일부러 사랑을 뜻하는 단어군을 꼼꼼히 챙겨봤다. 그것만으로도 우리 자신의 사랑을 성찰하는 계기가 될 수 있다는 생각에서였는데, 기실 우리는 가끔 우리 사랑의 순수성을 추스를 필요가 있다.

저인망 ♥
사랑

아라비아의 왕자였던 압데드 카데르가 프랑스 관리와 함께 마르세유의 거리를 지나고 있을 때였다. 마침 한 신부가 임종하는 이에게 노자성체를 모셔가고 있었는데, 이를 본 프랑스 관리가 그 자리에서 모자를 벗고 무릎을 꿇어 예를 갖추었다. 아라비아 왕자가 그 이유를 묻자, 프랑스 관리는 대답하였다.

"사제가 지금 환자에게 모셔 가고 있는 나의 하느님을 흠숭하고 있는 것입니다."

왕자가 되물었다.

"지극히 위대하신 하느님께서 저렇게 작은 모양으로 빈민의 집에 찾아가신다는 것을 어떻게 믿는다는 말이오? 우리 이슬람교도들은 하느님을 위대하신 분으로 생각하고 있소."

프랑스 관리가 대답했다.

"그것은 왕자께서 하느님의 위대하심만 알고, 그분의 사랑은 모르기 때문에 하는 말입니다."[1]

맞는 말이다. 우리는 위대하심만 알고 그분의 사랑을 잘 모른다. 하느님의 위대하심과 사랑을 동시에 담고 있는 낱말이 바로 '경륜'經綸이다. 전통적으로 하느님의 경륜은 창조경륜과 구원경륜으로 나누어 언급된다.

그렇다면 '경륜'은 무엇인가? 이는 영어로 'economy'다. 여기서 'eco'의 어원은 'oikos'로 '가정'을 뜻하며, 'nomy'는 '통치한다', '다스린다', '꾸린다'라는 뜻이다. 즉, 가정 경영이 'economy'인데, 이 가정의 범위가 넓어져 우주가 되면 그것이 '경륜'이 된다. 따라서 '창조경륜'은 우주를 만드신 하느님의 경륜이고, '구원경륜'은 아담과 이브가 에덴동산을 잃어버린 이후부터 오늘도 여전히 우리를 구원으로 이끄시는 것을 가리킨다. 그런데 하느님의 창조 역시 끝난 것이 아니라 지금도 진행 중에 있다. 따라서 창조경륜과 구원경륜은 현재도 같이 진행되고 있다. 그리고 이 경륜 안에 하느님의 사랑이 녹아 있다.

먼저 창조경륜을 보자. 창조는 어떻게 이루어지는가? 사랑이 충만할 때다. 사랑이 차고 차서 넘치면 창조를 하게 되어 있다. 연인이나 배우자에게 혹은 자녀에게 자꾸 이것저것 만들어주는 모습을 생각해 보자. 이처럼 사랑을 많이 가지고 있는 사람은 자꾸 만들어주고 싶다. 이것이 사랑의 속성이다. 이처럼 하느님께서는 사랑으로 삼라만상을 창조하셨다.

그런데, 사랑이신 하느님은 인간을 만들면서 모험을 하셨다. "자유를 줄까? 말까?"를 고민하다가 "주자!" 하고 모험을 하셨다. 이 '자유'는 사랑의 절정이다.

왜 인간에게 자유의지를 주신 것일까? 사랑을 주고받기 위해서였다. 하느님께서는 인간을 단지 피조물이 아니라 당신 사랑의 파트너로 창조하신 것이다! 그러기에 하느님께서는 우리가 당신 앞에서 자꾸 주눅 드는 것을 원치 않으신다. 당신 앞에 엎드려 고개를 들지 못하는 우리 죄인들에게 사랑의 하느님께서 속삭이신다.

"고개를 들어라. 내 눈을 바라보아라. 나는 네 눈을 쳐다보고 싶지 네 머리통을 보고 싶은 게 아니야. 나는 너하고 사랑을 주고받고 싶어서 너를 만들었단다."

혹여 우리가 당신을 배반할 수 있음에도, 하느님은 사랑을 위해 모험을 택하셨다. 사실, 우리는 이런 사랑을 흉내 내기 쉽지 않다. 우리는 사랑할수록 더 많이 소유하려 하고, 억압하려고 하지 않는가. 이것이 우리들의 함정이고 유혹이다. 하지만 하느님의 창조경륜은 인간을 당신 사랑의 파트너로 삼으시기 위하여 배반의 가능성을 무릅쓰시고 자유의지를 주셨다. 이 대목이 바로 하느님 창조경륜의 절정이요 백미다.

이제 구원경륜은 또 어떠한가. 하느님은 사랑의 구원경륜으로 강생구속降生救贖이라는 기막힌 방법을 택하셨다. "내가 사랑하는 저들이 이토록 나를 만지고 싶어 하고, 보고 싶어 하고, 느끼고 싶어 하는데 그렇담 내가 그들 눈높이에 맞춰줘 보자" 하시어 당신께서 사람이 되시어 오신 것, 곧 강생降生하신 것이다.

사랑은 이처럼 눈높이를 맞춘다. 하느님은 우리의 눈높이를 맞추시기 위해 사람으로 오시어 육신을 취하셨다. 이 강생은 예수님께서 태어나시며 완성된 것이 아니다. 예수님께서 돌아가시기까지 끊임없이 인간이 되시어 낮은 자리로 강생하셨다.

왜인가? 진정한 사랑은 같이 아파하고 같이 느끼며 같은 처지가 되는 것이기 때문이다. 그러기에 예수님께서는 인간의 한계와 인간의 절망 쪽으로 계속 내려오셨다.

입장을 바꾸지 않고 위에서 그냥 뚝, 뚝, 떨어지는 사랑은 감동을 주지 못한다. 반면 그 사람과 같은 눈높이로 가서 함께할 때 상대가 감동 받는다. 이것이 주님의 사랑이다. 이 하느님 사랑은 결국 죄인도 품는 사랑이다.

필자는 이 사랑을 이렇게 표현하길 좋아한다.

"하느님 사랑은 '저인망 사랑'이다!"

이는 무슨 말인가? 하느님 사랑은 저인망 그물처럼 밑바닥을 훑는 사랑이라는 말이다. 그러기에 이 저인망에는 안 들어가는 사람이 없다. 죄인들까지도 다 훑으시어 당신 사랑 속에 잠기게 하신다.

예수님은 이 '저인망 사랑'을 우리에게 강조하시기 위해 비유로 말씀하셨다.

대표적으로, '되찾은 양의 비유'(루카 15,1-7 참조)를 보자.

백 마리 양을 가진 목자가 양 한 마리를 잃었다. 목자는 나머지 아흔아홉 마리를 두고 한 마리 잃은 양을 찾으러 갔다. 그러고는 한 마리 양을 찾아 어깨에 메고 돌아오며 기뻐하였다. 이 말씀은 무슨 뜻일까? 주님은 "아흔아홉 마리면 됐다" 하고 족하지 않으시고 '잃어버린 단 하나' 때문에 마음 아파하는 분이시라는 말이다.

우리는 가끔 이런 생각을 한다.

"나 하나쯤이야, 주님이 나 하나 없다고 가슴 아파하시겠어?"

천만의 말씀이다. 주님은 '나 하나' 때문에 가슴 아파하신다. 이는 엄연한 논리다. 주님은 완전한 사랑 그 자체시기 때문에 '나 하나'가 문제되는 것이다. 공부를 잘하는 아이는 2개 틀려서 괴로워하지 않는다. 틀린 거 한 개 때문에 괴로운 것이다. 완전을 추구하기 때문이다. 하느님도 그러하시다. 완전한 분에게는 열 개가 괴로운 게 아니다. 한 개가 괴로운 것이다.

나 하나가 주님께는 전부다. 그런 까닭에 저 '한 마리'의 비유를 얘기하셨다.

　세 명의 자녀를 모두 잘 키운 한 여인이 있었다. 한번은 어떤 사람이 그 여인에게 물었다.

　"세 명의 자녀 중 누구를 가장 사랑했나요?"

　여인은 웃으며 말하였다.

　"셋째가 병들었을 때, 그때는 셋째를 가장 사랑했어요. 둘째가 집 떠나 방황했을 때, 그때는 둘째를 가장 사랑했고요. 첫째가 이성문제와 학교성적 때문에 괴로워할 때, 그때는 첫째를 가장 사랑했지요."[2]

　이 엄마의 사랑이 '하느님 사랑'이다. 하느님께서 지금 누구를 가장 사랑하실까? 바로 문제덩어리다.

하느님 사랑의
너비, 길이, 높이, 깊이

리사라는 젊은 여인이 있었다. 하루는 리사와 그녀의 할머니가 한 음식점에 들어갔다. 웨이터는 그들을 어떤 신사 옆 테이블로 안내했다. 리사는 불안했다. 할머니가 치매를 앓고 있었기 때문에 이상한 행동을 해서 옆에 앉은 신사를 불편하게 만들까봐 걱정이 되었던 것이다. 아니나 다를까 할머니는 앉자마자 리사에게 투정을 부리기 시작했다.

"내 음식 값을 어떻게 내지? 난 돈이 없는데. 난 여기서 움직이면 안 돼. 난 짐 덩어리야. 왜 나를 죽게 내버려 두지 않는 거니?"

리사는 할머니를 두려움에서 진정시켰다. 벌써 몇 주째 계속된 투정이었다. 그렇게 40분쯤 지났을 때, 리사는 옆에 앉아 있던 신사가 신경 쓰이기 시작했다.

'할머니가 저분을 짜증나게 하고 있는 게 분명해. 아마 저분은 화를 참고 있는 중일 거야.'

잠시 뒤 리사는 신사가 떠날 준비를 하는 것을 보고서야 안심하기 시작했다. 그런데 그 신사가 그들의 테이블 쪽으로 다가오는 것이었다. 리사는 할머니를 대신하여 그에게 사과하려 했다. 그런데 오히려 그 신사는 리사를 보고 미소 지으면서 이렇게 속삭이는 게 아닌가.

"내가 나이가 더 들었을 때 너 같은 손녀가 곁에 있었으면 좋겠구나."[3]

이 신사의 관점이 바로 하느님 사랑의 관점이다. 하느님의 사랑은 이처럼 보고 느끼고 이해하고 받아들이신다.

하느님 사랑의 신비를 우리는 온전히 헤아릴 수 없다. 하지만 그것을 조금이라도 더 맛보고자 하는 것이 우리의 희망이다. 그러기에 사도 바오로는 이렇게 기도한다.

"여러분의 믿음을 통하여 그리스도께서 여러분의 마음 안에 사시게 하시며, 여러분이 사랑에 뿌리를 내리고 그것을 기초로 삼게 하시기를 빕니다. 그리하여 여러분이 모든 성도와 함께 **너비**와 **길이**와 **높이**와 **깊이**가 어떠한지 깨닫는 능력을 지니고, **인간의 지각을 뛰어넘는 그리스도의 사랑**을 알게 해 주시기를 빕니다. 이렇게 하여 여러분이 하느님의 온갖 충만하심으로 충만하게 되기를 빕니다"(에페 3,17-19).

하느님 사랑의 '너비'와 '길이'와 '높이'와 '깊이'! 단어들 자체로 흥분을 자아내는 시어다. 정녕 이 네 가지만 잘 알면 우리 영혼이 충만해지리라.

이 네 가지를 하나하나 가늠해 보자.

우선, '하느님 사랑의 너비'는 얼마만 할까?

하느님께서는 우리를 어디까지 사랑하시는 걸까? 답은 무한대다. 그렇다면 무한대의 끄트머리에는 누가 있는가? 죄인들이 있다. 즉 하느님의 사랑은 죄인들까지 품으시는 사랑이다. 이 세상에서 가장 넓은 가슴은 '마지막' 죄인까지 품는 가슴이다.

다음으로, '하느님 사랑의 길이'는 어디까지 갈까?

하느님 사랑은 끝이 없다. 우리는 배반하고 떠나고 등지고 다 할 수가 있는데, 하느님은 끝까지 배반하지 않고, 끝까지 등지지 않고, 끝까지 참고, 끝까지 충실하시다. 이것이 하느님 사랑의 길이다.

그러기에 우리가 냉담할 때도, 우리를 향한 하느님 사랑은 여전히 뜨겁다. 우리의 사랑이 끝났어도, 우리를 향한 하느님 사랑은 여전히 첫사랑이다. 얼마나 기막히게 뜨거운 사랑인가.

그리고 '하느님 사랑의 높이'는 얼마만큼 일까?

하느님께서는 고상하시고 안목이 있으시다. "내 생각은 너희 생각과 같지 않고 너희 길은 내 길과 같지 않다. 주님의 말씀이다. 하늘이 땅 위에 드높이 있듯이 내 길은 너희 길 위에, 내 생각은 너희 생각 위에 드높이 있다"(이사 55,8-9).

하느님 사랑이 이처럼 높으신 것은 하느님 사랑에 지혜가 깃들어 있기 때문이다. 하느님 사랑의 지혜는 우리가 기도할 때, 우리 기도의 내용에 따라서 Yes(오냐 받아라!), No(안돼!), Wait(기다려라!), Other(다른 것으로 주마!)로 응답하신다. 무엇이 되었건 그것은 하느님 사랑의 지혜가 결정한 일이니 '가장 좋은 것'임을 깨닫는 것이 우리의 몫일 뿐이다.

마지막으로, '하느님 사랑의 깊이'는 또 어떠할까? 하느님 사랑은 그윽하고 아주 짙다. 여기 한번 푹 잠기면 녹아난다. 이 녹아나는 사랑을 맛보면 그것으로 위로와 치유, 평화와 환희가 차고 넘치게 된다. 이 경지에서는 시간도 멈춘다.

사람들이 성체조배, 관상기도 등에 맛들여 시간 가는 줄 모르고 기도하는 것은 바로 이 하느님 사랑의 깊이 때문이다.

몽땅
사랑

지금까지 얘기한 것은 인간을 향한 하느님의 사랑에 대해서였다. 우리를 향한 하느님의 사랑이 저러하시다면, 하느님을 향한 우리의 사랑은 어떠해야 할까?

하느님께서는 일찍이 모세를 통하여 그 답을 일러주셨다. 이른바 '셰마 이스라엘'로 알려진 신명기의 말씀이다.

"이스라엘아, 들어라! 주 우리 하느님은 한 분이신 주님이시다. 너희는 마음을 다하고 목숨을 다하고 힘을 다하여 주 너희 하느님을 사랑해야 한다"(신명 6,4-5).

무엇보다도 먼저 한 문장 안에서 세 번이나 반복되고 있는 '다하라'는 단어가 우리가 취할 태도를 선명하게 그려준다. 이 단어가 함축하고 있는 영성적인 의미는 이를테면 이렇다.

"하느님께서 으뜸 사랑으로 우리를 사랑해 주시니, 초심初心을 다하여 그
분을 사랑하라.

하느님께서 삼라만상을 호령하는 권능으로 우리를 돌보아 주시니, 지상
의 모든 것을 다하여 그분을 사랑하라.

하느님께서는 '만물'을 반기는 분이시니, 가진 것을 다하여 그분을 사랑
하라."

역사의 흥망성쇠와 우리 각자의 생사화복이 하느님께 달려 있다. 하느님
은 말 그대로 모든 생명의 주관자시며 행복과 불행을 좌우하시고 성공과
실패를 결정지으시는 분이다. 그러니 이분을 섬김에 있어 우리가 모든 것
을 쏟는 것은 당연한 요청이다. 하느님께서 원하시는 것은 우리의 전부다.

한 분 하느님이시다. 이 하느님께 우리가 드릴 가장 적절한 양量은 의당
전부, 곧 '몽땅'이다. 이 하느님께 우리가 드릴 적절한 질質은 당연히 최고,
곧 '짱'이다.

이를 묵상하자니 홀연 바람결에 들리는 미세한 음성이 들리는 듯하다.

"네 첫 것을 다고.

네 외아들을 다고.

네 훗사랑을 다고.

네 몽땅을 다고.

네 거시기를 다고."

자상하시게도 하느님께서는 우리가 다해야 할 것을 몸소 일러 주신다.

먼저, '마음'을 다하라고 하셨다. '마음'은 히브리어로 '레브'라 하는데 이는 감성을 다하라는 말이다. 곧 모든 정情을 합해서 하느님을 사랑하라는 말이다.

두 번째로 '목숨'을 다하라고 하셨다. '목숨'은 히브리어로 '네페쉬'라고 하는데 이는 영혼을 다하라는 말이다. 그런데 영혼의 핵심적인 기능은 '의지'다. 곧 모든 의意를 다해서 하느님을 사랑하라는 말이다.

세 번째로 '힘'을 다하라고 하셨다. '힘'은 히브리어로 '메호데'라고 하는데 나중에 이 단어를 그리스어로 번역할 때 이성理性을 뜻하는 '디아노이아'dianoia라는 단어로 번역이 되었다. 따라서 이는 생각의 힘을 다하라는 말이다. 곧 모든 지知를 모아서 하느님을 사랑하라는 말이다.

이쯤에서 경탄이 절로 나온다. 우리가 결국 다해야 할 것은 지知, 정情, 의意! 곧 전부라는 말이 된다.

음미해 볼수록 이 짧은 계명 속에 하느님의 비밀스런 지혜가 서려 있음을 느낀다. 여기에는 좋은 습관을 들이는 것이 행복과 성공의 관건이 된다는 예지가 서려 있다. 평소 '마음'과 '목숨'과 '힘'을 다하여 하느님을 사랑하는 것이 습관화되면, 어느 분야에서도 최선의 결과를 이끌어낼 수 있다. 그런 습관을 지니고 있는 사람은 스포츠, 예술, 학문, 연구 등 어느 분야에서건 반드시 최고를 달성할 수 있게 되기 마련이다.

또 하나 여기서 놓치지 말아야 하는 것이 바로 그 다음에 이어지는 '거듭

거듭' 이라는 어구다.

"너희는 집에 앉아 있을 때나 길을 갈 때나, 누워 있을 때나 일어나 있을 때나, 이 말을 너희 자녀에게 거듭 들려주고 일러 주어라"(신명 6,7).

우리 삶에 결정적으로 중요한 말씀은 골수에 새겨지고 혈관 속을 흘러야 한다. 그러기 위해서는 '거듭거듭' 의 길밖에 없다. 그러면 습관화, 체화, 인격화가 절로 이루어지게 되어 있다. 성경은 이 '거듭거듭' 을 실행하는 방편으로 말씀을 적어서 문설주에도 매달고 이마에도 붙이고 손목에도 차고 옷술단에도 걸으라고 권한다(신명 6,8-9 참조).

유다인들은 이 분부를 곧이곧대로 받아들여 오늘날까지 실천하고 있다. 유다인들은 오늘날도 이 말씀을 매일 아침, 저녁 최소 두 번 낭송한다. 그리고 이 말씀을 양피지에 써서 작은 케이스에 넣고 문설주에 매다는 것을 전통으로 삼아 왔다. 이것을 히브리어로 '메주자' 라고 한다.

오늘도 유다인들은 문을 드나들 때 이 메주자를 만지면서 하느님의 말씀을 거듭거듭 마음에 새기고 있다. 세계 어느 지역에서 살건 유다인은 새로 이사를 하면 가장 먼저 하는 중요한 행사가 바로 현관문 오른편에 이 메주자를 다는 것이다. 이 메주자는 7년에 한 번 바꾼다고 한다.

오늘날 유다인이 세계 최고의 민족이 된 것은 어쩌면 이 메주자 덕인지도 모른다. 아니 2,500년 이상 고집스럽게 '거듭거듭' 의 명령을 충실히 이행했기 때문인지도 모른다.

이 메주자의 전통에서 '무지개 원리' 가 나왔다.

무엇이
새로운가?

6 · 25 직후 미국 로터리 클럽 회원들이 나병 환자 수용소를 방문했던 적이 있다. 그때 미국에서 파견 나온 한 간호사가 나병 환자의 상처에서 흐르는 고름을 치료하고 있었다. 이 장면을 찍으며 한 사업가가 말했다.

"이건 백만 불짜리 가치가 있는 사진이오. 그러나 누가 나에게 백만 불을 준다 해도 나는 이 일을 못할 것이오."

사업가를 바라보며 간호사가 말했다.

"저도 못할 거예요."

이 대답에 당황한 사업가가 물었다.

"그렇다면 당신은 어떻게 그 일을 할 수 있는 것이오?"

"그리스도의 사랑 때문이지요."

그렇다. 예수님의 사랑 곧 하느님의 사랑이 우리를 사랑에로 초대하신다.

"너희 아버지께서 자비하신 것처럼 너희도 자비로운 사람이 되어라"(루카 6,36).

이제 우리가 하느님 사랑을 실행할 차례가 되었다.

여기서 하나 확인하고 갈 부분이 있다. 구약의 백성과 신약의 백성의 핵심적인 차이가 무엇일까? 이 물음은 쉽게 말해서 "우리가 어떻게 하면 천당 갈 수 있는가?"라는 말과 같다. 사람들은 이 질문에 이렇게들 대답한다.

"착하게 살아야 천당 가지요." 이 답은 구약버전이다.

"예수님 잘 믿으면 천당 가지요." 이 답은 신약버전이다.

이 둘 사이에는 어마어마한 차이가 있다. 그 차이가 바로 이른바 기쁜 소식, Good News의 핵심을 이룬다. 요는 이렇다. 구약의 사람이 사랑하는 것이 천당에 가기 위함이다. 하지만 신약의 사람인 우리들은 이미 천당 가 놓고 사랑하는 셈이다. 분명히 예수님께서는 천당 가는 방법으로 사랑의 협로 대신에 '믿음'의 고속도로를 내주셨다. 그리하여 이 길을 올라탄 사람은 100% 천당에 이른다. 그러므로 '사랑'은 이미 천국에 간 천국 시민의 에티켓으로 승화된다. 이 사랑은 확실히 여유가 있고 쉽다. 하지만, 구약의 백성이 사랑하는 모양새는 천당에 가기 위해 불확실성에 시달리면서 아등바등하는 사랑이다. 이런 사랑은 어렵기 짝이 없다.

바로 이런 의미에서 예수님은 우리에게 새 계명을 주셨다.

"내가 너희에게 새 계명을 준다. 서로 사랑하여라. 내가 너희를 사랑한 것처럼 너희도 서로 사랑하여라. 너희가 서로 사랑하면, 모든 사람이 그것을 보고 너희가 내 제자라는 것을 알게 될 것이다"(요한 13,34-35).

그렇다면 실질적으로 무엇이 새로운가? 한 마디로 새로움을 이루는 것은 "내가 너희를 사랑한 것처럼"이다. 이 말은 두 가지 뜻을 담고 있다.

첫째, '할 수 있다'는 의미다.

구약의 계명은 영어로 "You must love", "You have to love" 즉, "너는 사랑해야만 해"라는 의미를 갖고 있었다. 그런데 사랑이 안 되는 사람도 있는 법이다.

신약으로 넘어오면서 이 계명은 영어로 "You can love" 즉, "너도 사랑할 수 있다"가 된다. 사랑이 안 되는 사람한테까지 사랑할 수 있다고 하신 격이다. 이는 어떻게 가능할까? 예수님의 말씀은 이런 강변인 셈이다.

"내가 너를 사랑했잖아. 그래서 네가 내 사랑 공급받았잖아. 이제 사랑이 너희 안에 불타고 있잖아. 그 불타는 거 나눠주면 되는 거야."

이것이 신약이다.

둘째, '원수도 사랑하라'는 의미다.

구약에서는 "네 이웃을 네 몸과 같이 사랑하라"(레위 19,18 참조)고 하였다. 그런데 이스라엘 사람들에게 이웃은 자기 동족과 혈족에만 국한되었다.

여기서 한 가지, 이스라엘인들에게 배울 점이 있다. 이스라엘인들은 아주 고지식한 면모를 갖고 있다. 고지식한 것은 단점도 되지만 큰 장점이기도 하다.

고지식한 사람은 글을 읽을 때 글자 그대로 알아듣는다. 그러기에 고지식한 이스라엘인들은 "네 이웃을 네 몸과 같이 사랑하라" 하면, 글자 그대로 '내' 몸과 같이 사랑한다. 그러면서 법률용어로 따진다.

"'네 몸과 같이'는 뭐지? 그래, '우리 동족이 피를 흘리면 내가 그를 돌봐 줘야 해. 그가 곤경에 처하면 그를 구출해 줘야 해' 이런 뜻이야."

이스라엘인들의 이 사고를 대표하는 것이 구약의 룻 이야기에 나오는 수혼법이다. 수혼법은 한 집에서 대를 못 물리면 그 집안 다른 사람이 책임지고 대물림해 줘야 한다는 법이다. 왜인가? 이웃이니까.

그런데 이 곧이곧대로 생각하는 민족, 이스라엘에게 굉장히 중요한 사안이 있었다. 이는 바로 율법 교사가 예수님께 던진 질문에서 드러난다.

"누가 우리의 이웃입니까?"(루카 10,29 참조)

예수님은 이때 간파하셨다.

"얘네들이 자기 이웃의 바운더리boundary를 정해 놓고 밖으로 안 나가려고 하는구나."

그래서 예수님은 '착한 사마리아인의 비유'(루카 10,29-37 참조)를 등장시키신다. 이스라엘인들은 사마리아인들을 이웃이 아니라고 여겼기 때문에 결국 이 비유로 예수님은 "원수도 네 이웃이니라" 하고 일절 이의 제기가 없도록 통쾌하게 카운터를 날리셨다.

이제 '새 계명'의 내용이 드러났다. 바로 "나도 사랑할 수 있다", "원수도 사랑하라"다.

예수님은 참 멋진 분이시다. 이 계명을 잊어먹을까 봐, 우리에게 탁월한 장치를 만들어 놓으셨다.

"너희는 나를 기억하여 이 예를 행하여라"(루카 22,19 참조).

미사 때마다 듣고 행하는 이 말씀 속에, 이 '예'禮 속에 두 가지가 다 들어 있다. 우선 그분을 기억하여 '나'도 '사랑할 수 있다', 그런 다음 이 '예'를 행하면, 곧 '성체'를 모시면, '원수도 사랑하게 된다'는 것이다. 황홀한 가르침이다.

둘.
사랑의 사람들

만약 우리가 하느님이라면, 만약 우리가 예수님이라면, 꼬박 밤새면서 동이 트기까지 기다렸던 사람에게 나타날까, 아니면 잠 쿨쿨 자는 사람에게 나타나서 "일어나, 일어나" 그러면서 깨울까. 당연히 깨어 기다리는 사람에게 나타난다. 마리아 막달레나는 우리에게 희망을 준다. 오늘 우리가 예수님을 만나려면, 바로 이처럼 하면 된다. 목마른 사슴처럼 간절하게 애타게 예수님을 기다리면, 그분이 우리에게 오신다. 이 시대에도 예수님은 항상 가장 절박하게 기다리는 사람에게 우선적으로 가신다.

주님,
제가 속 터집니다요

누가 뭐래도 사랑의 사람으로서 대표격은 단연 호세아 예언자다. 호세아는 다른 예언자들이 '올바로 살 것'을 중시한 것과는 달리 이렇게 설파했다.

"너희들, 하느님 사랑이 뭔지 아느냐?"

사실 하느님께서는 호세아의 인생을 아주 드라마틱하게 만들어 놓으셨다. 그가 맨숭맨숭하게 하느님 사랑을 전하면 전달이 잘 안 될 거라 여기셨던지, 걸핏하면 바람이 나서 속 썩이는 부인 고메르를 짝으로 주셨다. 이에 대해 호세아 예언자는 이렇게 따져 물었을 것이 뻔하다.

"하느님, 도저히 못 살겠습니다. 그래도 제가 명색이 예언자인데 마누라 하나 간수 못하고 살면서 예언한다 그러면 말이 안 되지 않습니까?"

하지만 하느님께서는 "그래도 살아라" 하셨다. 하느님과 호세아 사이에는 탄원과 위로가 늘 새삼스럽게 교차되었음을 성경 문맥은 애처롭게 시사하고 있다.

"하느님 또 집나갔습니다."

"기다려라."

"하느님 아무래도 이번에 임신한 애가 제 애가 아닌 것 같습니다."

"니가 키워라."

"하느님, 저 이제 더 이상 못 살겠습니다. 저 죽을 지경입니다."

"나는 더 하다. 너희들이 맨날 나에게 하고 있는 짓이 꼭 그 짓이다. 걸핏하면 집나가고 말야. 내 속이 얼마나 타는 줄 아느냐. 너는 지금 그 마음을 아주 쬐끔만 맛보았을 뿐이다!"

실제로 호세아와 고메르 사이에는 두 명의 자식이 있었는데 호세아는 그들을 볼 때마다 기분이 묘했다. "쟤네가 날 닮았는지 안 닮았는지, 내 자식이 맞는지 아닌지" 알 수가 없었기 때문이었다.

이렇게 속을 끓이고 있는 호세아를 통해 주님은 말씀하셨다.

"정녕 내가 바라는 것은 희생 제물이 아니라 신의다. 번제물이 아니라 하느님을 아는 예지다"(호세 6,6).

"신의"가 뭔가? 히브리어로 '헤세드' 곧 끝까지 가는 사랑이다.

"예지"는 히브리어로 "야다"yada다. '야다'는 '안다'라는 뜻이다. 이 '안다'는 무슨 의미인가? 이는 헤아려 공감한다는 뜻이다.

요컨대, 하느님께서 호세아의 비정상적인 가정을 통해 당신의 사랑을 드러내고자 하셨다. 집 나간 마누라 때문에 노심초사하는 사랑, 사춘기 자녀들 때문에 애태우는 사랑, 이것이 우리를 향한 주님의 사랑이다.

필자는 이 호세아 예언서 강의를 5·18이 발발하던 그 해, 알짜배기로 들을 수 있었다. 당시 고故 서인석 신부님으로부터 4박 5일 동안 피정하며 주옥과 같은 묵상을 들었는데, 감수성 예민한 청년이던 필자는 가뜩이나 가슴이 뜨거운 데에다 이 '사랑'을 듣게 되니 눈물이 났다.

"하느님 사랑이 이런 사랑이구나, 우리를 향한 하느님 사랑이 집나간 마누라 때문에 노심초사하는 사랑이구나. 사춘기에 빠진 아이들 때문에 애간장이 녹는 사랑이구나. 이 사랑, 이 사랑이면 나 이런 하느님을 사랑하리라."

이후 성소를 고민하던 중에, 다시 한 번 하느님의 사랑이 필자를 덮쳤다.

"성경을 펼칠 테니까 '너 신부되라'라는 뜻의 구절이 나오면 신학교에 들어가고, 그렇지 않으면 들어가지 않겠습니다."

필자는 이렇게 기도하고 성경을 딱 펼쳤는데 루카 복음 19장, 예수님께서 예루살렘 성전 밖에서 예루살렘을 바라보시며 대성통곡하시는 대목이 나온 것이었다.

"예루살렘아, 네가 장차 너에게 닥칠 일을 알았더라면 네가 이러지는 않았을 텐데! 네가 평화의 길을 알았더라면! 너희들이 죄악에 빠져 있고 하느님을 멀리하고 있기 때문에 너에게 장차 멸망이 다가올 것이다. 그러니 미리 알고 하느님께 회개하여 하느님께 다시 돌아와서 사랑을 회복하면 망하지 않으련만!"(루카 19,42-44 참조)

이 대목을 읽는 순간 호세아서에서 만났던 하느님 사랑의 마음이 필자의 가슴과 공명하였다.

"맞아! 내가 청년 때 이 사랑 때문에 가슴이 얼마나 뛰었는데……."

그러고 나서 순간적으로 환시를 보았다. 남산 꼭대기에서 서울을 내려 보시며 "서울아! 서울아!" 하고 우시는 예수님을 본 것이다. 순간 그냥 눈물이 쏟아져 내렸다. 바지를 다 적실 만큼 소나기 같은 눈물이 하염없이 쏟아졌다. 그러고는 정확하게 주님의 말씀을 들었다.

"니가 내 마음을 알지 않느냐? 너희를 향한 나의 사랑이 어떤지 나는 이미 너한테 맛을 보여줬다. 그러니 이 마음을 전해라."

지금도 당시의 느낌이 그대로 필자 안에 살아 있다. 필자는 대답했다.

"알겠습니다. 제가 신부가 되어 당신의 사랑을 전하겠습니다."

이게 필자의 첫 마음이었다. 그래서 지금도 사람들을 만나면 이 '사랑'을 전하는 것이다.

"주님이 여러분을 얼마나 사랑하는지 아십니까?"

내 눈이
눈물의 샘이라면

'사랑'의 마음으로 매일 눈물이 마르지 않은 예언자가 또 한 사람 있었다. 바로 예레미야 예언자였다. 그는 우상숭배에 빠져 하느님을 거스른 백성들에게 미구에 닥칠 파국이 안타까워 눈물을 흘렸다.

"아, 내 머리가 물이라면 내 눈이 눈물의 샘이라면 **살해된 내 딸 내 백성을 생각하며 밤낮으로 울 수 있으련만!**"(예레 8,23)

예레미야 예언자는 하도 울어서 눈물이 마를 지경이었다. 오죽하면 머리가 물이었으면, 눈이 눈물의 샘이었으면 하고 고백했을까.

후에 주님께서는 예레미야에게 회복의 말씀을 주신다.

"**네 울음소리를 그치고 네 눈에서 눈물을 거두어라. 네 노고가 보상을 받아** 그들이 원수의 땅에서 돌아올 것이다"(예레 31,16).

온갖 슬픔과 위로를 다 겪고 난 예레미야는 마침내 슬픔의 노래인 '애가'를 쓴다. 그리고 슬퍼하는 자의 마지막 희망을 이렇게 노래한다.

"주님의 자애는 다함이 없고 그분의 자비는 끝이 없어 아침마다 새롭다네"(애가 3,22-23).

앞뒤 과감히 생략하고 거두절미하여 줄였지만, 사실 예레미야 스스로가 품었던 사랑과 체험했던 사랑의 핵심을 다 추린 셈이다.

여리고 섬세하면서도 스케일 있고 장중했던 예레미야의 사랑!

땅을 울리고 하늘을 움직였던 순도 100% 연민!

그 사랑의 울림은 여전히 2,500년이 지나도록 여진이 되어 우리 가슴에와 닿는다.

필자는 우리를 품어주시는 하느님의 이 '사랑'을 다시금 새롭게 느낀 적이 있다. 한번은 주님을 곳곳에 전하고 싶어서 조그만 잡지를 창간하기로 했다. 그런데 아무리 해도 잡지명이 떠오르지 않았다. 심지어 상금을 걸고 공모까지 했지만 별 소득이 없었다.

그러던 어느 날, 잠에서 막 깨어났는데 불쑥 단어가 떠올랐다.

"참 소중한 당신."

그 말과 함께 주님께서 필자를 덮치셨다. 꼭 안아주셨다. 그러고는 "네가 참 소중한 당신이다" 하고 말씀하셨다. 이어 또 다른 음성이 들려 왔다.

"너만 참 소중한 당신이 아니고, 모두가 참 소중한 당신이니라."

지금 그 잡지는 교회 안팎으로 두루 사랑받고 있다.

당신은
내 전부에요

사랑의 사람을 말하면서 마리아 막달레나를 빼 놓을 수 없다.

본디 마리아 막달레나는 일곱 마귀가 들렸던 여자였는데(루카 8,2 참조), 예수님께 치유를 받았다. 예수님께는 당시 열두 제자 말고, 열두 제자가 가는 곳에 반드시 따라다니는 여인들이 있었다. 마리아 막달레나도 이 여인들 가운데 속해 있었다. 이 여인들은 예수님께서 불치병을 치유해 준 사람들이었거나 마귀를 쫓아내준 사람들이었다.

필자는 이를 읽으면서 "역시 예수님은 지혜가 있으신 분이구나" 하고 생각했다. 당시 멀쩡한 여자들 데리고 다니셨으면 모르긴 몰라도 "고소사건이다, 유괴사건이다" 등에 휘말려 골치 좀 아팠을 것이다.

하지만 이들은 함께 데리고 다녀도 아무 탈이 없다. 왜? 옛날에는 여자나 남자가 한번 고질병에 걸리면 치유가 불가능했다. 그 인생은 끝난 것이었다. 그리고 '일곱 마귀에 걸린 사람'이란 오늘날 우리가 점잖게 이름을 붙여준 거지, 당시 사람들이 그렇게 불렀겠는가. 이렇게 집에서 내놓은 사람들을 예수님이 고쳐서 데리고 다니셨다.

그러니 마리아 막달레나 입장에서 보면 이 얼마나 감사한 일이겠는가. 시쳇말로 '미쳤다'는 소리를 듣던 사람이 예수님의 제자단 일행에 속하게 되었으니 말이다.

필자는 이 여인들을 '열세 번째 제자들'이라고 부르기를 좋아한다. 필경 예수님 머릿속에는 이들이 열세 번째 제자들이었을 것이다.

무슨 근거로 이런 말을 할 수 있는가. 예수님께서 열두 제자는 남자로 뽑으셨다. 여기에 72제자단이 또 있다. 그런데 재미있는 것은 예수님께서 열두 제자를 데리고 다니실 때 72제자단은 챙기지 못하실 경우에도 꼭 이 여인들만은 끼워주셨다는 사실이다. 왜 그러셨을까. 예수님께서 열두 제자 속에 여인들을 끼워주고 싶었는데, 당시 조건 때문에 그러지 못하셨던 것이다. 당시 12지파를 상징하여 열둘이라는 숫자는 만들어야 했는데, 여자들은 당시 숫자에 포함되지 않았다. 그러니 아무리 여자를 끼워도 열둘이 채워지지 않는다. 그래서 예수님께서는 열두 명 조건은 채운 다음, 바로 그 외곽에 열세 번째로 여성들을 제자단으로 모았던 것이다. 아주 혁명적인 발상이었다.

사랑은 사랑을 낳는 법이다. 그러기에 마리아 막달레나는 주님께 대한 오롯한 사랑으로 은혜를 갚고 싶었을 터. 이를 그녀는 충실성으로 드러냈다. 성경을 보면 그녀는 예수님께서 가시는 곳마다 나온다. 가끔 가다 열두 사도는 어디 갔는지, 없는 자리에도 그녀의 일행들은 있었다. 그러니 마리아 막달레나가 예수님 부활의 첫 번째 목격자가 된 것도 당연하다. 이것이 하느님의 정의다. 하느님은 공평하신 분이기에 남자라고 해서 베드로 사도에게 먼저 나타나시지 않았다.

이렇게 설명을 해도 예수님께서 부활하신 후 마리아 막달레나에게 첫 번째로 발현하신 사건은 끝없이 물음에, 의문에, 스캔들 의혹을 야기한다.
"도대체 왜 그녀에게 나타나셨는가?"
의아심으로, 의구심으로, 약간의 질투심으로 묻는 이들에게 마리아 막달레나는 답한다.

"까닭을 알고 싶으신가요?
왜냐하면 내가 그곳에 있었기 때문이에요.
나는 언제나 그곳에 있었답니다.
예수님이 '머리 둘 곳조차 없이' 고생하며 돌아다니실 때 나는 그곳에 함께 있었지요(루카 8,2-3 참조).
예수님이 십자가에 달리실 때에도 나는 그곳에 있었어요(마르 15,40 참조).
요셉이 예수님 시신을 십자가에서 내리실 때도 나는 그곳에 있었구요,
요셉이 예수님을 무덤에 안치할 때도 나는 그곳에 있었답니다.
안식일 다음날 이른 새벽에도 나는 다른 여인들과 함께, 빈 무덤 그곳에 가 있었지요. 물론 베드로와 요한이 황망 속에 다시 숙소로 돌아간 후에도 나는 그 무덤 밖 그곳에 여전히 울면서 서 있었답니다(요한 20,11 참조).
그러니 부활하신 주님이 최초로 나타나신 그곳.

그곳에 나는 또 약속처럼 있어야 했던 것이지요.

까닭을 알고 싶으신가요.
왜냐하면 나에게는 그분이 전부였기 때문이에요.
내 사랑이 향할 데도 그분이었고, 내 관심이 쏠릴 데도 그분이었고, 내 시간이 바쳐질 데도 그분이었고, 마침내 내 전 재산, 향유를 쏟을 데도 그분이었지요.
마른 하늘에 날벼락처럼 그분이 체포되었던 그 순간. 이어 철저한 실패자로 종을 친 그 비통의 순간. 끝내는 모든 꿈이 날라 간 듯이 보였던 그 절망의 순간에도 여전히 그분은 나의 하늘이었답니다.

까닭을 알고 싶으신가요.
왜냐하면 그분은 내 일생의 유일한 의미였기 때문이에요."

만약 우리가 하느님이라면, 만약 우리가 예수님이라면, 꼬박 밤새면서 동이 트기까지 기다렸던 사람에게 나타날까, 아니면 잠 쿨쿨 자는 사람에게 나타나서 "일어나, 일어나" 그러면서 깨울까. 당연히 깨어 기다리는 사람에게 나타난다.

마리아 막달레나는 우리에게 희망을 준다. 오늘 우리가 예수님을 만나려면, 바로 이처럼 하면 된다. 목마른 사슴처럼 간절하게 애타게 예수님을 기다리면, 그분이 우리에게 오신다. 이 시대에도 예수님은 항상 가장 절박하게 기다리는 사람에게 우선적으로 가신다.

주님이
잘 아시잖아요

최후의 만찬 때, 예수님께서는 제자들의 발을 하나하나 씻어 주셨다.

"세숫대야 준비해라. 하나씩 양말 벗어" 하고 발을 씻어 주는데 베드로 사도가 외친다.

"안 됩니다!" (요한 13,8 참조)

왜 그랬을까? 베드로 사도는 예수님을 생각하는 마음이 다른 제자들하고 는 좀 달랐다. 다른 제자들은 아직도 철이 없어서 "발 내놔" 그러면 아무 생각없이 발을 내놓았다. 그런데 베드로는 이렇게 생각했던 것이다.

"야, 얘네 봐라. 아무리 발 내노라 그래도 그렇지, 어떻게 예수님한테 우 리 발을 씻기게 해! 예수님 발을 우리가 씻어드려야지."

이는 예수님에 대한 베드로의 사랑이었다. 그런데 예수님께서는 시치미 뚝 떼고 말씀하셨다.

"베드로 너 말이야. 내가 네 발 안 씻어 주면, 너하고 나하고 끝장이야.

더 이상 관계를 맺을 수 없어"(요한 13,8 참조).

그 말을 들으니까 베드로 사도가 혹 한다.

"그러면 친해지기 위해서는 발 씻어 줘야 하는 거네? 에라 모르겠다. 주님! 기왕이면 제 손도 제 머리도……"(요한 13,9 참조).

사실 이즈음에는 엄청난 슬픔의 분위기가 쫙 깔려 있는 상황이었다. 그런데 제자들은 앞으로 무슨 일이 일어날지 까맣게 몰랐다. 예수님만이 이미 아시고 굉장히 슬프고 착잡하고 두려우셨을 터다. 그 와중에 베드로가 예수님께 머리와 손까지 디밀었으니. 아마 예수님은 나직이 웃으셨을 것이다.

"요놈 봐라, 되게 웃기네. 베드로, 니가 조금 별난 놈이긴 하구나. 사랑이 별난 놈이야."

베드로는 이런 사랑을 가지고 있었다.

그랬던 베드로 사도가 정작 결정적인 순간에는 예수님을 세 번 부인하였다. 그날 이후 줄곧 악몽을 꾸며 자괴감과 의기소침의 나락에서 허덕이는 베드로 사도, 어느날 그에게 예수님이 물으셨다.

"요한의 아들 시몬아, 너는 이들이 나를 사랑하는 것보다 더 나를 사랑하느냐?"(요한 21,15 ㄴ)

"예, 주님! 제가 주님을 사랑하는 줄을 주님께서 아십니다"(요한 21,15 ㄷ).

두 번째로 예수님께서 물으셨다.

"요한의 아들 시몬아, 너는 정말 나를 사랑하느냐?"(요한 21,16 참조)

"네, 사랑합니다."

세 번째로 예수님께서 물으셨다.

"요한의 아들 시몬아, 너는 정말 나를 사랑하느냐?"(요한 21,17 참조)

"주님, 주님께서는 모든 것을 아십니다. 제가 주님을 사랑하는 줄을 주님께서는 알고 계십니다"(요한 21,17 ㄷ).

원어로는 대화가 이렇게 진행된다. 예수님께서 먼저 물어보신다.

"아가파오agapao?"(신적인 사랑을 뜻하는 아가페의 동사형)

베드로가 대답한다.

"필레오phileo."(가족애, 의리, 우정을 뜻하는 필리아의 동사형)

구분이 되는가? 예수님은 지금 수준 높은 대화를 하고 계신 중이다.

"네가 진짜 수장이 되려면 아가파오는 해야 되는데 '아가파오 하냐?'"

그랬더니 베드로가 "아니오, 저는 필레오" 하고 대답했던 것이다. 그래서 예수님께서 다시 물으셨다.

"아가파오 안 되겠냐?"

"아니에요, 저는 필레오에요."

그랬더니 예수님이 세 번째로 또 물으셨다.

"너 필레오?"

묵상하건대 세 번째 물음인 이 말은 "네가 의리는 있었느냐?"라는 말인 격이다.

예수님의 세 번째 물음이 베드로의 성질을 건드렸다. 그는 화를 내듯이 대답하였다.

"제가 주님을 사랑하는phileo 줄을 주님이 아십니다. 그러니 모르실 리가 없습니다. 주님은 모든 걸 다 아시는 분이니까요!"

이 말씀의 깊은 뜻은 결국 이런 뜻이 아니었을까?

"주님, 저는 아직 신적인 사랑, 그런 건 잘 모릅니다. 하지만, 제가 의리 하나는 한 점 부끄럼 없이 지키려고 노력했습니다. 그것을 주님이 다 아십니다."

그런데 대화는 여기서 끝나지 않는다. 예수님께서 말씀하신다.

"내 양들을 돌보아라"(요한 21,15.16.17 참조).

그러고 보니 예수님은 이 말씀을 세 번 반복하셨다. 그때서야 베드로 사도는 무릎을 탁 쳤다.

"아, 내가 주님께서 똑같은 질문을 세 번이나 하셔서 성질을 냈는데, 주님은 나보다 한 단계 위시구나. 아니, 한참 위시구나. 주님은 결국 내가 세 번 배반한 것을 하나하나 짚어 가시며 '내 양들을 잘 돌보아라'는 말로 용서해 주고 계시구나."

이에 베드로 사도가 가슴을 만져봤다. 그동안 가슴에 '배반자'라는 세 글자가 있었다. 하지만 이제 다시 만져보니 그 글자는 지워지고 '내 양들을 잘 돌보아라'로 바뀌었다. 베드로의 사랑이 회복된 것이었다.

이후 베드로 사도는 65년도까지 교황직을 수행하다가 로마에서 순교

한다. 이 65년이라는 숫자를 계산해 보면, 참 신기하다. 예수님은 33해를 사셨다고 되어 있다. 그런데 65년이면 한 해는 예수님 살아계시던 해와 중간에 겹치는 해이고, 그렇다면 베드로 사도가 33해 동안 교황직을 수행하다 간 셈이 된다. 어쩜 이렇게 오묘하게 들어 맞는가.

베드로 사도는 교황직을 충실히 수행하고 나서 마지막에 이렇게 기도하지 않으셨을까.

"주님 이제 아시겠죠? 제가 주님을 얼마나 사랑하는지?"

이렇게 큰 글자로
편지를 씁니다

우리에게 감동을 주는 사랑을 행한 또 한 분의 사도가 있다. 바로 바오로 사도다. 그는 자주 편지로 사목을 하였다.

"내가 직접 이렇게 큰 글자로 여러분에게 씁니다" (갈라 6,11).

'큰 글자'라는 것은 '글자가 크다'는 얘기가 아니다. '큰 사랑으로 편지를 쓴다'는 말이다.

게다가 바오로 사도는 눈물이 많았다. "아이고, 속상해" 하며 늘 신자들 때문에 울었다.

"한 지체가 고통을 겪으면 모든 지체가 함께 고통을 겪습니다. 한 지체가 영광을 받으면 모든 지체가 함께 기뻐합니다"(1코린 12,26).

"누가 약해지면 나도 약해지지 않겠습니까? 누가 다른 사람 때문에 죄를 지으면 나도 분개하지 않겠습니까?"(2코린 11,29)

이것이 사랑이다. 같이 느끼는 것, 측은지심, 연민, compassion 이런 것을 느낄 줄 아는 것이 사랑이다.

후에 바오로 사도는 자신이 왜 그렇게 행동하였는가를 단 하나의 문장으로 종합 정리하여 고백한다.

"그리스도 때문에 여러분의 종이 되었습니다"(2코린 4,5 참조).

그리스도 때문에, 그분을 사랑하기 때문에 그분의 종까지 되어 시키는 대로 했던 것이다.

사랑이 있는 사람은 자존심이 없다. 신앙생활하면서 자꾸 자존심 내세우는 사람은 아직 사랑이 없는 사람이다. 주님께 대한 사랑으로, 복음에 대한 사랑으로 욕 좀 먹으면 어떤가? 바닥 좀 기면 어떤가?

바오로 사도는 종이 되어 진짜 밑바닥으로 가지 않았는가. 그것이 사랑이다.

에브리싱 이즈 굿
(Everything is good)

필자는 얼마 전 'KBS 스페셜 : 수단의 슈바이처 故이태석 신부-울지마, 톤즈' 편을 보았다. 방송을 보는 내내 눈을 떼지 못했다. 보면서 기분 좋은 열등감에 빠지기까지 했다.

"저분이 탁월한 선택을 했구나."

무한한 감동이었다. 그를 독자들에게 소개하고 싶다.

이태석 신부는 필자한테는 한참 후배 신부다. 그런 이 신부가 지구의 오지, 수단에 가서 감동의 복음을 전하였다.

원래 이 신부는 1987년 인제 의대를 졸업하였는데 1990년 군복무를 마치고 나서 광주 살레시오회에 입회했다. 2001년 사제 서품을 받고 의사면서 신부가 된 그는 수단으로 갔다.

수단은 그동안 여러 가지로 갈등이 있던 나라였다. 그런데 이 신부는 과감히 그곳 '톤즈' 마을에 정착하여 밑바닥부터 시작하였다. 자신이 직접 벽돌을 찍어 진료소를 만들고 병동을 만들어 한센병과 전염병에 신음하는 원주민들을 돌봐주었다. 그것으로 끝이 아니라 아이들의 교육이 전혀 안 되는 것을 보고서는 초중고생들을 위해 학교도 세웠다. 악기도 직접 자신이 먼저 배우고 난 다음 아이들에게 가르쳐 주어 '브라스 밴드'도 만들었다.

그러다 휴가 때, 한국에 잠간 귀국하여 건강검진을 했는데 말기암 판정을 받은 것이다. 결국 2010년 1월 14일 선종하였다.

필자는 생각한다. 하느님께서는 또 다른 뜻이 있어서 데려가신 것임을.

이후 이 신부의 삶에 감동을 받은 모교 인제대학교에서는 수단에 의술적인 지원을 해 주기로 하였다. 또 '수단어린이장학회'도 만들어졌다. 도움의 뜻이 있는 이들은 그곳을 통해 도움을 줄 수 있을 것이다.

이태석 신부의 생전 인터뷰 중 잊혀지지 않는 말이 하나 있다.

"저는 환자가 오면 눈을 찬찬히 바라봅니다. 어디가 아픈지 금방 알 수 있고 고민도 알게 되지요. 요새 우리나라 병원에서는 환자가 들어오면 모니터 먼저 보는 의사들이 더러 있어요. 진찰이기도 하지만 사람과 사람의 만남이라는 걸 잊지 말았으면 좋겠어요."

감동적인 얘기다.

돌아가시기 직전에는 "돈 보스코!"라고 짧게 말씀하셨다 한다. 살레시오 수도회 소속이었던 그를 설립자인 돈 보스코가 하늘에서 환영하러 나왔던 것은 아닌지. 그는 이어 영어로 마지막 말을 남겼다.

"에브리싱 이즈 굿Everything is good."

그렇다. 모든 것은 잘 돌아가고 있다.

이 신부가 사제 서품 때 받은 성구로 마지막을 대신한다.

"여인이 제 젖먹이를 잊을 수 있느냐? 제 몸에서 난 아기를 가엾이 여기지 않을 수 있느냐? 설령 여인들은 잊는다 하더라도 나는 너를 잊지 않는다"(이사 49,15).

그의 삶의 주제는 '사랑'이었다.

셋.
사랑의 기도

"기도하는 것은 하나도 지루하지 않아요. 그 시간은 몇 분밖에 걸리지 않지만 천국을 미리 맛보게 해 주거든요. 좋은 기도는 많은 말이 필요 없답니다. 감실에 계신 그분께 우리 마음을 활짝 열고 그분의 거룩한 현존 안에서 기뻐하십시오. 이것이 최상의 기도랍니다."

기도로 엮인 사람들

사랑의 기도! 사랑의 계명이 하느님 사랑과 이웃 사랑이라는 이중적인 의미를 내포하고 있듯이, 사랑의 기도 또한 '하느님을 향한 사랑의 기도'와 '이웃을 향한 사랑의 기도' 두 가지를 다 아우른다.

편의상, 아래에서 위로 올라가는 순서를 취하여 먼저 '이웃을 향한 사랑의 기도'를 점검해 보자.

사도신경에 '모든 성인들의 통공을 믿으며'라는 대목이 있다. 개신교에서는 이를 '성도들의 교통함을 믿으며'라고 번역하여 고백한다. 그런데 '모든 성인들의 통공'에 해당하는 라틴어 원문은 콤뮤니오 상토룸 communio sanctorum인데, 여기서 상토룸sanctorum은 '거룩한 이들의' 곧 '모든 신자들의'를 뜻하고 콤뮤니오communio는 '소통', '친교', '나눔' 등을 뜻한다. 필자의 견해로 '모든 성인들의'보다는 '성도들의'가 보다 원문의 의미를 정확하게 드러내는 번역이라고 여겨진다. 왜냐하면 '성인들'이라는 낱말은 아무래도 시성諡聖된 성인聖人을 연상시키기 때문이다.

여하튼 이 고백문은 신앙인들이 서로를 위해 기도를 주고받을 수 있음을 골자로 하고 있다. 이 고백이 있기에 우리는 서로 "기도 안에서 만나요", "기도로 응원해 드릴께요"라는 인사말을 찐하게 나눌 수 있는 것이다.

교회의 일원 나아가 주님의 일꾼으로 불리움을 받은 이들은 서로 기도를 통하여 하나의 신비체를 이루고 있다. 2010년 7월 25일자 〈가톨릭신문〉에 실린 소설가 안 영 실비아의 체험담이다.

"기독교 신자들이 거의 매일 외우고 사는 '사도신경' 속에는 우리가 믿어야 할 교리가 다 들어있지요. 그 중에서 '모든 성인의 통공을 믿으며(콤뮤니오 상토룸)'에 대한 이야기입니다.

영세한 지 수십 년이 되는 저는, 사실 십여 년 전까지만 해도 이 정확한 뜻을 잘 몰랐어요. 그저 막연히 '하늘에 계신 성인들의 공로가 우리에게까지 통하나보다' 정도로 생각했었지요.

옛날에는 요즘처럼 교육의 기회가 많지 않아서라고 변명해 보지만, 하여간 부끄러운 일이지요. 퇴직 후에야 여기저기서 교육을 받다 보니 새로 배운 게 참 많습니다. 그 중 하나가 바로 이 '성인의 통공'에 관한 지식입니다. 이때의 성인이란 시성된 성인만이 아니라 하느님 백성으로 불린 모든 사람, 그러니까 우리 신자들까지도 그 안에 포함된다는 것입니다. 개신교에서는 이 '성인'을 '성도'라고 칭하고 있으니 오히려 옳은 번역이라고 생각됩니다.

내용인즉 교회는 천상교회, 연옥교회, 지상교회로 나뉘고 그 세 교회 안에서 모든 성인의 통공이 가능하다는 것입니다. 그래서 우리가 천상의 성인들에게 전구를 청하는 것이고, 돌아가신 조상들을 위해서 연도를 바치는 것이고, 동시대 이웃을 위해서 서로 기도해 주는 것임을 늦게야 알았지요.

저는 작년 이맘때에 아주 신기한 체험을 했습니다. 새벽미사에 참여했는데, 끝난 후, 그날 10시에 새 사제 다섯 분, 부제 다섯 분의 첫 미사가 있다고 공지했습니다. 그래서 10시 미사에 또 나갔지요. 새 사제 탄생 첫 미사는 그 자체로 기쁘고 행복해서 기회가 닿으면 참여하는 편입니다.

그런데 미사에 참여하면서, 그 무렵 간절히 기도가 필요한 베드로 어르신 생각이 나서 오롯이 그분을 위해 기도하기로 마음먹었습니다. 그 어르신 내외는 80을 눈앞에 두고 미국 아드님 댁으로 합하게 되었는데 이곳 집이 정리가 되지 않아 비워 둔 채 떠나셨습니다. 그리고 반년이 지나도 움직임이 없어 애를 태우셨습니다. 그분은 하느님 말씀 따라 아름답게 살면서 이웃에게 늘 베푸시는 분이었지요. 그러기에 작은 도움이라도 드리고 싶어 그날 미사의 은총을 베드로 형제에게 주시라고 간절히 기도했습니다. 미사 끝에 사제의 강복을 받으면서는 혼잣말로 '주님, 이 강복을 미국에 있는 베드로 형제에게 택배로 보내 주세요' 하고 기도하고, 의식이 다 끝난 뒤에도 손 모아 주모경을 천천히, 정성껏 바치고 왔습니다.

집에 돌아와 그 일을 메일에 넣을까 하다가 생색내는 것 같아서 참았지요. 하지만 기껏 하루를 참고는 그래도 자랑하고 싶어서 이튿날 메일로 말씀을 드렸습니다. 새 사제들의 뜨거운 강복을 택배로 보냈으니 받으시라고.

그런데 그분으로부터 재미있는 메일이 왔습니다. 어젯밤 꿈에, 2년 전 별세하신 선배의 생일 초대를 받고 다녀왔는데 마음이 이상하다고. 서로 좋아하고, 신뢰하며 각별한 관계를 유지했던 분이 나타났으니, 아무래도 떠날 날이 가까워오나 보다고. 그래서 더욱 걱정이 되어 아침에 '주님, 제가 없으면 아내가 집 정리를 할 수 없으니 저에게 기회를 주십시오' 하고 간절히 기도했었노라고. 그러고는 오후에 심란한 마음으로 산책하고 돌아오니 사제 탄생 첫 미사에서 간절히 기도했다는 실비아 씨 메일이 들어와 있어 너무나 감사했다고.

아, 그런데 다음 날 아침 깜짝 놀랄 메일을 받았어요. 바로 그날 저녁 때, 서울에서 전화가 왔다고. 작자가 나왔으니 계약하자고. 실비아 씨 기도가 새 사제들 강복을 통해 택배보다 더 빠른 인터넷으로 배달되었으니 신기하지 않느냐고. 믿는 이들 안에서는 이럴 수도 있는 것이라며 감사, 감사를 연발하신 것입니다.

와, 그렇게 기쁜 일이! 그런 일을 그냥 우연이랄 수 있을까요?"[1]

이 일화는 오늘 우리 주변에서도 알게 모르게 다양한 모양새로 일어나고 있음을 필자는 안다. 부족한 사람들을 부르시어 거룩한 일을 하게 하시려고 이렇게 저렇게 인연들을 엮어 주시고 서로 연합하여 기도로 '통공'하게 하시니, 주님께서 하시는 일은 경탄을 자아낸다.

인간적
사랑의 기도

우리의 영적 진보를 위하여 먼저 인간적인 사랑의 기도를 되짚어 보자.

인간적 사랑의 기도는 어떻게 바치는 것이 바람직할까? 그 답은 사랑의 계명에 숨겨져 있다.

"네 이웃을 네 몸과 같이 사랑하라"(루카 10,27 참조).

이 계명에는 먼저 자신의 몸을 사랑해야 한다는 것이 전제로 깔려 있다. 그래야 '네 몸과 같이' 라는 말이 성립하기 때문이다. 기도도 마찬가지다.

먼저, '나'를 위해 기도할 줄 알아야 한다.

의외로 '나'를 위해 기도하는 것을 못하는 이들이 많다. 심지어는 '나'를 위한 기도를 금기시, 나아가 죄악시 하는 극단적인 신앙관을 가진 이들도 있다. 한 번은 필자의 평화방송 강의를 듣고 어느 사업가가 감사의 편지를 보내왔다.

　사연인즉슨, 그가 그 즈음 사업상 큰 어려움에 처해 있었는데 교회에서 배운 '기복기도' 노이로제에 걸려 기도할 엄두를 내지 못하고 있다가, 필자의 강의를 듣고 용기를 내어 자신을 위해 기도할 수 있게 되었다는 얘기였다. 그래 고맙기 짝이 없고 평생 은인으로 기억하겠다는 말이었다.

　필자는 이와 비슷한 넋두리를 숱하게 들어왔다. 가끔 어떤 이들은 "저는 항상 남을 위해서 기도했습니다"라고 얘기한다. 물론 그것도 참 장하다. 그런데 아쉬움이 있다. 그가 만일 자기를 위해서 먼저 기도했으면 분명 기도의 차원이 달라졌을 것이다.

　왜인가? '나'를 위해서 먼저 기도하고 '내' 안에 역사하시는 하느님에 대한 확신이 들 때 비로소 진짜 '남'을 위해 기도할 수 있는 마음이 생기기 때문이다. '내'가 체험해 보지 못하고 "저 사람 사탕 좀 주세요" 하면 되겠는가? '내'가 먹어보지도 못한 사탕을 어떻게 권할 수 있겠는가?

　그러니 일단 기도의 첫걸음은 이기적으로 기도하는 것이다. 괜찮다. 이것은 출발이며 걸음마니까 괜찮다. 물론 만날 걸음마만 하면 안 되겠지만 일단 오늘부터 이기적으로 기도해 보자. 특히 아직 체험이 없는 이들은 꼭 자신을 위한 기도를 바쳐보자. 물론 여기에는 자기 가정을 위해 기도하는 것도 포함된다. 그러면 나중에는 저절로 남을 위한 기도로 바뀌게 되어 있다.

**　'내' 기도에 응답하시는 주님을 확신할 때, 비로소 '남'을 위해 기도해야 한다.**

　남을 위해 기도하는 방법은 다양하다. 우리가 알고 있는 모든 기도를 자신의 기호와 처지에 맞게 총동원할 수 있다.

그렇다면, 과연 우리가 누군가를 위해 기도할 때 얼마나 효과가 있을까? 이와 관련하여 재미있는 통계가 있다. 생식의학 전문지Journal of Reproductive Health에 실렸던 연구결과다. 포천 중문의대 C병원과 미국 콜롬비아의대 산부인과 불임치료 공동연구진이 불임환자를 대상으로 다음과 같은 실험을 했다.

1998-1999년에 서울 C병원에서 불임치료를 받은 환자 199명과 미국과 캐나다, 호주의 기독교인들을 대상으로 임신성공률과 기도의 상관관계를 조사한 것이다.

불임치료를 받은 환자들은 실험 내용을 전혀 모르는 상태였다. 연구진들은 이들의 명단을 미국, 캐나다, 호주의 기독교 신자들에게 주고 이들이 임신할 수 있도록 기도해달라고 요청했다. 기도하는 사람도 기도 받는 사람이 누군지 몰랐다.

결과는 어떻게 나타났을까? 기도 받은 불임치료 여성들의 임신성공률이 기도 받지 않은 쪽보다 두 배나 높았다.[2]

만약 집안에 임신이 안 돼서 고민하는 가정이 있다면, 온 가족이 총동원해서 기도해 볼 일이다.

필자는 졸저 『통하는 기도』에서 이런 기도를 '중재기도' 또는 '합심기도'라 부르며 실례를 곁들여 상세히 언급하였다.

기도 응답을
못 받는 이유

나를 위한 것이든 남을 위한 것이든, 우리의 기도가 다 기도한 그대로 응답 받지는 못한다. 그 이유는 무엇일까. 기도에 대한 저술가 R.A. 토레이는 그 이유를 성경말씀에 근거하여 제시한다.[3]

첫째, 이기적으로 구하기 때문이다.

"여러분은 청하여도 얻지 못합니다. 여러분의 욕정을 채우는 데에 쓰려고 청하기 때문입니다"(야고 4,3).

여기서 욕정이라는 것은 포괄적인 의미로 욕심, 사욕을 뜻한다. 우리는 '욕정'과 '거룩한 욕심'을 구분해서 청해야 한다.

둘째, 우리의 죄악 때문이다.

"주님의 손이 짧아 구해 내지 못하시는 것도 아니고 그분의 귀가 어두워

듣지 못하시는 것도 아니다. 오히려 너희 죄악이 너희와 너희 하느님 사이를 갈라놓았고 너희의 죄가 너희에게서 그분의 얼굴을 가리어 그분께서 듣지 않으신 것이다"(이사 59,1-2).

응답을 못 받을 때는 '내'가 뭔가 잘못한 게 있는 것이다. 하느님과 관계가 단절되었다면 우선 관계를 회복한 다음 기도하면 응답이 빨라진다.

셋째, 우상을 숭배하기 때문이다.

"사람의 아들아, 이 사람들은 자기 우상들을 마음에 품고, 자기들을 죄에 빠뜨리는 걸림돌을 제 앞에다 모셔 놓은 자들이다. 내가 어찌 이러한 자들의 문의를 받을 수가 있겠느냐?"(에제 14,3)

한마디로 자꾸 왔다 갔다 하는 사람은 응답을 못 받는다는 말씀이다. 주님께서는 우리가 점집에 몇 번 갔다 왔는지 다 알고 계시며, 또 그런 사람한테는 응답을 안 주신다. 급하다고 여기서 못 받으면 또 저기 갈 것이 뻔하기 때문이다. 그러니 끝까지 그런 데에 현혹돼서는 안 될 것이다.

넷째, 너무 인색해도 문제다.

"빈곤한 이의 울부짖음에 귀를 막는 자는 자기가 부르짖을 때에도 대답을 얻지 못한다"(잠언 21,13).

누가, "저 요즘 좀 힘듭니다" 그러면, 외면하지 말아야 한다.

다섯째, 용서하지 않아서다.

"너희가 서서 기도할 때에 누군가에게 반감을 품고 있거든 용서하여라.

그래야 하늘에 계신 너희 아버지께서도 너희의 잘못을 용서해 주신다"(마르 11,25).

용서하지 않고 청하는 마음을 주님께서는 보아 주시지 않는다.

여섯째, 부부 사이의 잘못된 관계 때문이다.

"남편들도 자기보다 연약한 여성인 아내를 존중하면서, 이해심을 가지고 함께 살아가야 합니다. 아내도 생명의 은총을 함께 상속받을 사람이기 때문입니다. 그렇게 해야 여러분의 기도가 가로막히지 않습니다"(1베드 3,7).

이 말은 부부 사이에서뿐만 아니라 우리 주변에 연약한 자들을 깔보아선 안 된다는 뜻이다. 그들을 잘 예우하면 응답을 받게 된다.

일곱째, 의심하기 때문이다.

"의심하는 사람은 바람에 밀려 출렁이는 바다 물결과 같습니다. 그러한 사람은 주님에게서 아무것도 받을 생각을 말아야 합니다"(야고 1,6-7).

기도하면서 "과연 한다고 주시겠어?" 하고 의심하는 이들이 종종 있다. 확신을 해도 받을까 말까인데 거기다가 의심까지 곁들여 기도하면 절대 응답 받지 못한다.

그러니 생각으로 기도하지 말고, 말로 찔러놓고 이미 이루어진 듯 기도하는 자세가 필요하다.

필자 역시 제일 잘하는 기도가 있다. 네 글자로, '단순무식'한 기도다. 복잡한 생각을 버리고 기도하면 결국 응답을 받는다.

신적 사랑의 기도 1, 묵상기도

성 아우구스티노는 젊은 시절 방탕한 삶과 마니교 이단에 빠져 살다가 모니카 성녀의 기도로 다시 하느님 품으로 돌아와, 훗날 그 때 자신의 심경을 이렇게 고백하였다.

"늦게야 님을 사랑했습니다. 이렇듯 오랜, 이렇듯 새로운 아름다움이여, 늦게야 당신을 사랑했습니다. 부르시고 지르시는 소리로 절벽이던 내 귀를 트이시고 비추시고 밝히사 눈 멀음을 쫓으시니, 향내음 풍기실제 나는 맡고 님 그리며 님 한 번 맛본 뒤로 기갈 더욱 느끼옵고, 님이 한 번 만지시매 위없는 기쁨에 마음이 살라지나이다… 님은 저와 같이 계시건만 저는 님과 같이 아니 있었나이다"(고백록 10,27).

이제 신적인 사랑의 기도를 갈무리할 차례다.

신적인 사랑의 기도의 첫걸음은 묵상기도다. 하느님을 사랑으로 직접 마주하는 것이 처음에는 그저 막막하기만 하니 '말씀'을 매개로 하느님을 만나고자 하는 것이 바로 묵상기도다.

묵상은 한마디로 말씀을 읽고 음미하면서 하는 기도다. 입으로 하는 기도가 아니라 일단 읽고 나서 속으로 무슨 뜻인지 반추하는 것이다.

이 묵상기도를 하면 성경에 있는 여러 가지 말씀들이 점점 '내' 것이 되는 느낌으로 다가온다.

묵상에 맛들이고 싶은데 잘 안 될 경우, 필자의 〈신나는 복음 묵상〉을 통해 묵상법을 배울 수 있다. 어떻게 말씀을 반추하고 공감하며, 그 말씀을 매개로 하느님과 대화를 나눌 수 있는지 실전적으로 익히는 데 도움이 될 것이다.

묵상기도는 차 안에서도 할 수 있다. 테이프를 들으면서 말이다.

한 자매가 차 안에서 복음 묵상 테이프를 틀어 놓고 묵상을 하며 운전하고 있었다. 갑자기 상대방 과실로 충돌 사고가 났다. 마침 묵상 내용은 '무슨 일이 일어나든 감사하라!' 였다. 그 자매는 무조건 감사드리고 나가서 사태를 보니 차가 심각하게 찌그러져 있었다. 나중 얘기지만, 이 차는 폐차되었다. 하지만 이 자매는 마치 접촉사고가 난 것처럼 침착하게 모든 일을 수습하였다.

재미있는 것은 그 와중에도 묵상 테이프는 계속 돌아가고 있었다는 사실이었다.

"감사하세요. 무조건 감사하세요. 궂은일도 감사하고, 불행처럼 보이는 일도 감사드리세요. 그러면 모든 것이 축복으로 둔갑하는 기적이 일어납니다……."

자매는 나중에 이 모든 일들을 돌이켜 보면서, 정말 그날 기적이 일어났음을 깨달았다.

"아니, 그러고 보니, 내 몸은 멀쩡하잖아! 차는 저 지경이 되었는데 말야. 그리고 무엇이 나로 하여금 놀라지 않고 침착하게 해 주었지? 맞다, 감사. 감사였던 거야. 이건 기적이야! 결국 테이프에서 흘러 나온 말씀 묵상이 나를 구해 준 것이구……."

묵상기도는 굳이 더 설명을 요하지 않는다. 말씀을 가까이 모시면서 더불어 있기만 하면, 그것이 묵상이요 기도가 되는 것이다.

신적 사랑의 기도 2, 관상기도

신적인 사랑의 기도의 본격적인 경지는 관상기도다. 성경에 이런 말씀이 나온다.

"너희는 멈추고 내가 하느님임을 알아라"(시편 46,11).

여기서 '멈추는' 것이 제일 중요하다. 관상기도는 일단 멈춰서 기도하는 것이다.

그렇다면 관상기도를 잘하는 방법은 무엇일까.

이른 아침, 한 신비가가 주님의 방문을 두드리며 말했다.

"주님, 들어가도 되나요?"

주님은 닫힌 문 안쪽에서 말씀하셨다.

"뭐라도 가지고 왔니?"

"네, 저의 덕행 한 자루를 가지고 왔습니다."

"오! 기쁜 일이구나. 하지만 아직 문을 열어 줄 수는 없다."

신비가는 한낮에 돌아와 다시 노크를 하면서 말했다.

"주님, 이제 들어가도 되나요?"

"뭐라도 가져왔니?"

"네, 주님. 저의 좋은 행실과 거룩한 공적 한 자루를 가지고 왔습니다."

"아주 고무적이구나. 하지만 아직 문을 열어 줄 수는 없다."

신비가는 저녁 무렵에 다시 돌아와 문을 두드리며 말했다.

"주님, 들어가도 될까요? 저의 명상과 간절한 기도 한 숟가락을 가져왔습니다."

"생각이 참 깊어졌구나. 하지만 아직 문을 열어 줄 수가 없다."

신비가는 또 떠났다가 밤이 이슥해서야 돌아와, 다시 문을 두드리며 말했다.

"주님, 제발 들여보내 주세요."

"뭐라도 가지고 왔니?"

"주님, 제 자신 말고는 아무것도 가진 것이 없어요."

"이제 들어오거라!"[4]

이 이야기 속에 관상기도의 요령이 시사되어 있다. 요컨대, 관상기도는 무얼 들고 가서 하는 게 아니라, 그냥 주님과 마주하는 기도다.

성체조배도 관상기도의 한 방법이다. 그런데 사실, 성체조배실에 가 보면 아주 가관이다. 하라는 성체조배는 안하고 성경 읽고 있고, 묵주 돌리고 있고, 영적 독서하고 있다. 모두 잘못 됐다. 성체조배는 가서 그냥 앉아 있는 것이다. 이는 찜질방 원리와 똑같다. 찜질방 가서 가만히 있으면 어떻게 되는가? 후끈후끈해져서 저절로 땀이 난다.

그렇다. 성체 앞에 앉아만 있으면 후끈후끈해진다. 왜인가? 사랑이 채워지니까. 성체조배는 이를테면 사랑의 원적외선을 받는 것이라 말할 수 있다.

대표적인 관상가 아빌라의 성녀 데레사는 기도를 네 단계로 표현하였다.

첫 번째는 물동이 기도 단계다. 이는 처음에 초보자들이 물동이로 물 긷듯이 기도하는 단계다. 기도가 안 되니까 두레박 내려가지고 으쌰으쌰하며 기도하는 것이다.

두 번째는 펌프질 기도 단계다. 물동이보다 펌프가 물을 퍼 담기에 좀 더 쉽다. 이제 물이 콸콸콸 나오듯 기도가 된다. 그런데 펌프질은 아직 '나'에게 무엇인가 할 것을 요구한다.

세 번째는 수도꼭지 기도 단계다. 이제 틀어놓기만 하면 물이 저절로 흘러나온다. 하늘에서 기도 응답이 곧장 부어지는 것이다.

네 번째는 소나기 기도 단계다. 이 단계는 아무것도 할 필요가 없다. 전혀 예상치 못한 때에 소나기를 맞듯 그렇게 하느님의 은총 가운데 있게 되는 것이다.

아주 멋진 비유다. '나' 자신의 기도가 지금 어느 단계에 와 있는지 점검하는 데 좋은 길잡이가 되어주는 팁tip이다.

요한 마리아 비안네 신부가 본당 사목을 할 때였다. 만날 성당에 와서 앉아 있는 할아버지가 있었다. 하루는 비안네 신부가 물었다.

"할아버지 뭐하고 계십니까?"

"기도하고 있지요."

"그런데 왜 그냥 앉아만 계십니까?"

"그분은 저를 보고 계시고 저는 그분을 보고 있는 중입니다."

그 순간, 비안네 신부는 깨달음이 왔다. '저 분이 나보다 낫구나.' 그 이후부터 비안네 신부는 기도를 굉장히 열심히 전파하게 되었다.

특히 그는 성체를 자주 영하라고 권고했다.

"성체를 모시세요. 예수님께로 가세요. 예수님은 수고하고 지친 자들을 쉬도록 초대하십니다. 영혼은 하느님과 함께해야만 살 수 있답니다. 하느님만이 우리 영혼을 채우실 수 있어요. 우리에게는 하느님이 필요하답니다."

하지만 신자들은 처음에 "잠시 저러다 말겠지" 하며 차가운 반응을 보였다. 그러나 비안네 신부는 포기하지 않았다. 좌절의 벽에 부딪힐 때마다 기도하고, 또 기도했다.

한번은 이런 일이 있었다. 아르스의 한 마을 이장이 아침 일찍 일어나 산책로를 걷고 있는데, 멀리 비안네 신부가 보였다. 가까이 가보니 비안네 신부는 무릎을 꿇고 하늘을 향해 외치며 울고 있었다.

"오, 나의 하느님, 본당 신자들이 회개하게 하소서. 당신을 따르게 하소서."

그리고 신자들에게 기도의 방법을 가르쳐 주었다.

"기도하는 것은 하나도 지루하지 않아요. 그 시간은 몇 분밖에 걸리지 않지만 천국을 미리 맛보게 해 주거든요. 좋은 기도는 많은 말이 필요 없답니다. 감실에 계신 그분께 우리 마음을 활짝 열고 그분의 거룩한 현존 안에서 기뻐하십시오. 이것이 최상의 기도랍니다."

사람들은 차츰 감동을 받았으며, 몇 년 후 아르스 성당은 그가 부임하던 때와는 완전히 다른 모습을 갖추게 되었다. 저녁기도 시간을 알리는 종이 울리면 성당은 금세 사람들로 가득 찼다. 성당에 가지 못하는 신자들은 일터에서 무릎을 꿇었다.[5]

핵심은 무엇인가? "잠시 그러다 말겠지"가 아니라는 것이다.

이 이야기를 읽고 비안네 신부처럼 실행하고 계신 신부님들이 필자 주변에 몇 분 있다. 대전교구 동기 신부 한 분이 그렇고, 서울대교구에도 한 분있다. 그분들에겐 기적이 일어난다. 그분들은 성당에 3-4시간 심지어 7시간 죽치고 앉아 있기만 한다.

신자들은 이렇게 죽치고 앉아 있는 신부님을 보면서 슬슬 겁이 나기 시작한다.

"어쩌자고 저기 저렇게 죽치고 앉아 계시는 거야?"

그러면서도 신부님 말에 아주 잘 따른다. 그 대전교구 신부님 본당은 전설적으로 재건축이 이루어졌다. 그 신부님은 말한다.

"나 모금 안 했어. 죽치고 앉아 있기만 했어."

서울대교구에 계신 그 신부님은 이렇게 말한다.

"나 선교 안 했어. 죽치고 앉아 있었더니 신자 숫자가 팍팍 늘었어."

결국 제일 파워 있는 관상기도가 무슨 기도인가? 죽치고 앉아 있는 기도다.

신적 사랑의 기도 3, 임재기도

성전에서 기도하는 것도 좋지만, 우리에게는 일상 속에서 관상하는 연습도 필요하다. 이것이 임재연습이다. 필자는 이를 '임재기도'라 부르고자 한다.

이 임재기도를 제일 잘 한 사람이 가르멜 수도회의 로렌스 수사였다. 그는 일거수일투족을 하느님 현존을 인식하면서 사랑의 마음으로 임했다.

"나는 프라이팬 위의 오믈렛을 뒤집을 때도 하느님에 대한 사랑으로 했습니다. 하다못해 지푸라기 하나를 줍는 일까지도 하느님에 대한 사랑으로 했습니다. 사람들은 하느님 사랑하는 법을 찾고 있습니다만, 무슨 일이든 다 하느님에 대한 사랑으로 하면 됩니다."[6]

이런 기도를 잘하셨던 또 한 사람이 프란치스코 성인이었다. 그는 관상의 경지에 자주 들어갔었는데, 제자들이 증언하길 일부러 기도하는 시간을

내는 것을 못 봤다고 한다. 그는 하루 종일이 기도였다. 생활 자체가 기도였던 것이다. 그래서 움직이며 기도하다가 관상에 빠지곤 하였다 한다.[7]

필자는 가끔 생각한다.

"나는 참 은혜를 많이 받은 사람이다. '어떤 기도가 잘 하는 기도인가' 하며 은총 받는 법만 매일 연구하는 것이 사명이니, 그 떡고물이 참 풍성하구나!"

사실이다. 필자는 연구 중에서도 복된 연구를 하지 않는가! 교부들과 성인들의 글을 읽고 배우면서 주워들은 게 얼마나 많은지! 필자가 직접 깨달은 것은 부족하지만, 필자의 임무인 연구를 통해서 이렇게 좋은 것들을 참 많이 익힐 수 있으니 이 얼마나 복된가!

필자가 얻어먹은 떡고물 중 하나가 '임재기도'의 고물이다. 어찌됐든 필자는 일거수일투족을 기도로 연결시키려 노력한다. 간혹 필자에게 이런 질문을 하는 이가 있다.

"신부님은 언제 기도하세요?"

동에 번쩍 서에 번쩍 하면서 연구, 저술, 강의를 하는 필자에게 문제는 '시간'이라는 사실을 알고서 물어오는 질문이다. 필자는 이렇게 답한다.

"아무 때나 기도합니다."

이 말도 그대로 사실이다. 필자는 연구하면서 기도하고 글을 쓰면서 기도한다. 강의하면서도 기도한다. 산보하면서도 하고, 차에서 운전하면서도 기도한다. 핑계로 말하는 게 아니다. 늘 순간순간을 놓치지 않고 주님의 임재를 느끼려고 노력하고 있다. 물론 정해진 시간에 따로 규칙적으로 기도하려고도 최선을 다한다.

사실, 이 임재기도에서 빼놓을 수 없는 분이 미래사목연구소의 사부로 모시고 있는 증거자 송해붕 세례자 요한이다. 그분은 '시간기도'라는 이름으로 사실상 임재기도를 바치셨다. 시간기도란 똑딱똑딱 하는 초간의 순간이 다 하느님의 임재 시간이므로, 놓치지 말고 기도하라는 뜻이다.

화살기도도 일종의 임재기도다. 그때그때 수다 떨 듯 자꾸 주님의 임재 앞에 중얼중얼 해 보자.

"와우, 오늘 날씨가 좋네요, 주님. 오늘은 뭐 이렇게 날씨가 궂어요, 주님. 아우, 오늘은 기분이 별로 안 좋네요, 주님."

영적인 사랑의 기도는 이렇듯 여러 가지가 있다. 하나씩 맛 들여 보며 풍요로운 영성의 오솔길을 산책해 보자. 이 대목에서 거듭 확인하거니와, 우리는 영원한 기도의 초보자다.

한 학생이 랍비를 찾아가서 물었다.

"졸업을 빨리 할 수 있는 방법이 없습니까?"

이에 랍비가 답하였다.

"있고 말고, 있긴 있는데 자네가 어떤 사람이 되느냐가 문제지. 하느님은 백향목을 키우기 위해서 100년의 세월을 쓰시지만, 호박을 키우는 데는 단 6개월의 시간만 쓰실 뿐이라네. 자네, 백향목이 되고 싶은가 아니면 호박이 되고 싶은가?"

학생은 아무 말도 못하고 돌아가 버렸다.

그러므로 호박을 키우는 기도를 바칠 것이 아니라, 백향목을 키우는 기도를 바칠 요량이어야 한다.

사도 바오로는 말한다.

"낙심하지 말고 계속 좋은 일을 합시다. 포기하지 않으면 제때에 수확을 거두게 될 것입니다"(갈라 6,9).

무슨 말인가. "길게 가자" 이 말이다. 기도의 초보 딱지를 기분 좋게 달고서.

넷.
사랑의 성장

우리는 그동안 무엇을 보았는가? 사랑. 우리는 여태 무엇을 들었는가? 사랑의 고백. 우리는 무엇을 말하지 않을 수 없는가? "예수께서 나를 사랑하신다!"(Jesus loves me!) 우리는 무엇을 전해야 하는가? "예수께서 당신을 사랑하십니다!"(Jesus loves you!)

사랑 헌장

어느 날 플라톤은 아테네의 한 젊은 철학도에게 '참된 시작이 무엇인가'를 설명했다. 그 젊은 철학도는 지금껏 자기가 진정으로 배울 만한 철학자나 시인을 만나보지 못했는데 드디어 플라톤을 만났다며 기뻐하였다.

플라톤이 젊은 철학도에게 물었다.

"이제까지 당신이 섬겨왔던 그 모든 스승들을 진정으로 사랑했습니까?"

젊은 철학도가 대답하였다.

"그들에게는 배울 만한 것이 많지 않았다고 여겨 진정으로 사랑하지 않았습니다."

그의 말에 플라톤은 이렇게 대답하였다.

"사랑하는 마음이 없이는 참된 지식을 얻을 수 없습니다. 지식은 참된 사랑의 관계를 통해서만 얻어질 수 있는 것입니다."[1]

지극히 차가운 지성을 요하는 철학에서도 '참된 지식'을 얻기 위하여 저렇게 '사랑'이 필요하다면, 하물며 지성과 감성과 의지가 어우러져 하나의 선율을 자아내는 삶에 있어서랴.

이미 언급했듯이 그리스도인의 삶에서 가장 중요한 세 가지 가운데 으뜸이 바로 사랑이다.

"믿음과 희망과 사랑 이 세 가지는 계속됩니다. 그 가운데에서 으뜸은 사랑입니다"(1코린 13,13).

그러므로 후회 없는 인생을 살기를 원하는 이는 적어도 사랑의 성장, 나아가 사랑의 완성을 꿈꾸어야 한다. 비록 그것이 요원하고 힘겹다 느껴지더라도. 주님께서는 우리의 참 기쁨이 바로 거기에 있다고 역설하신다.

"내가 너희에게 이 말을 한 이유는, 내 기쁨이 너희 안에 있고 또 너희 기쁨이 충만하게 하려는 것이다"(요한 15,11).

서로 사랑하면 기쁨이 충만해진다. 결국 믿음, 희망, 사랑은 우리를 충만하게 해 준다.

하지만 사랑하며 산다는 것이 결코 만만한 일이 아니다. 캐나다 한 신문에 실린 실화다.

어느 부인이 법원에 이혼 소송을 제기하였다. 재판장은 부인과 남편을 불러 사실심리를 하였다.

"부인께서는 남편과 왜 이혼하려고 하십니까?"

"매일 남편의 노래를 들어야 하는 게 너무 고통스러워요."

재판장이 다시 물었다.

"도대체 얼마나 노래를 못하기에 이혼을 할 정도입니까?"

부인은 남편을 가리키며 말하였다.

"남편이 아는 노래는 단 하나뿐인데, 노래 제목이 '독신 생활이 좋아' 예요. 그런 데다가 리듬도 전혀 맞지 않아서 도저히 참고 들을 수가 없다구요."[2]

사랑이라는 한 지붕 아래 함께 살면서도 사랑은 결코 잡히지 않는 신기루이기만 한 것일까?

이쯤에서 사랑의 미로를 헤매며 갈팡질팡하는 우리를 사랑의 완성이라는 출구로 인도해 주는 안내자가 절실히 요청된다. 다행스럽게도 우리의 이런 목마름에 대한 답을 대신하여 『내심낙원』의 저자 우징송(오경웅)은 성경에서 자비의 교과서이자 사랑의 교과서로 루카 복음 6장 36절에서 38절을 꼽는다.

"너희 아버지께서 자비하신 것처럼 너희도 자비로운 사람이 되어라. **남을 심판하지 마라.** 그러면 너희도 심판받지 않을 것이다. 남을 단죄하지 마라. 그러면 너희도 단죄받지 않을 것이다. **용서하여라.** 그러면 너희도 용서받을 것이다. **주어라.** 그러면 너희도 받을 것이다. 누르고 흔들어서 넘치도록 후하게 되어 너희 품에 담아 주실 것이다. 너희가 되질하는 바로 그 되로 너희도 되받을 것이다"(루카 6,36-38).

필자는 이 성구를 사랑헌장이라 부르고 싶다. 많은 내용이 들어 있는 것
같지만, 큰 덩어리로 요약하면 세 가지다.

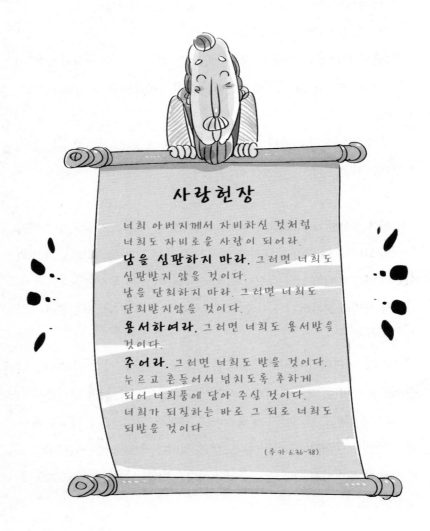

사랑헌장

너희 아버지께서 자비하신 것처럼
너희도 자비로운 사람이 되어라.
남을 심판하지 마라. 그러면 너희도
심판받지 않을 것이다.
남을 단죄하지 마라. 그러면 너희도
단죄받지않을 것이다.
용서하여라. 그러면 너희도 용서받을
것이다.
주어라. 그러면 너희도 받을 것이다.
누르고 흔들어서 넘치도록 후하게
되어 너희품에 담아 주실 것이다.
너희가 되질하는 바로 그 되로 너희도
되받을 것이다

(루카 6.36-38).

하나, 사랑은
심판하지 않는다

'남을 심판하지 않는다'는 것은 단죄하지 마라는 뜻으로, 사랑의 초보단계에 해당한다. 심판하지 않고 단죄하지 않는 것부터 우리는 사랑을 시작하는 것이다.

"사랑은 〔…〕 성을 내지 않고 앙심을 품지 않습니다"(1코린 13,5 참조).

우리는 남을 심판하는 죄를 너무 자주 짓는다. 심판하는 '나'의 기준이 얼마나 부족한지, '나'의 잣대가 얼마나 시원찮은지, '나'의 정보가 얼마나 부족한지도 모르고서 말이다. 그러면서 '나'의 잘못된 단죄로 오판하기 일쑤다.

기억하자. 심판이나 단죄는 정확한 기준과 충분한 정보가 있을 때만 공정하고 유효하다. 이 세상에서 유일하게 판단할 수 있고 심판할 수 있는 분은, 오직 당신 자신이 기준이시며 모든 정보를 갖고 계신 하느님뿐이시다.

올바른 판단에 요청되는 것이 아리스토텔레스가 말하는 '중용'이다. 우리는 이 말을 느낌상 잘못 알아듣기도 한다. 한쪽으로 치우치지 않은 '중간'쯤으로 생각하는 것이다. 그렇지 않다. '중용'은 적확的確이라는 뜻이다. 적확은 쏜 화살이 과녁에 '명중'했을 때를 가리키는 낱말이다. 그러니까 올바른 판단을 하려면 사실에 부합하는 적확한 인식이 필요하다는 말이다. 사태파악이 사실에 적확하게 맞아 떨어지지 않으면 실수하고 잘못된 판단을 내릴 수 있다. 그러니 중용을 가지지 않고서의 판단은 금물이다. 아무리 객관적이려고 노력해도 인간에게 주관적인 판단을 배제한 객관적인 판단이란 거의 불가능하기 때문이다.

사람들이 가끔 필자에게 이런 말을 할 때가 있다.

"아이구, 신경질 나서 혼났어요. 저 사람이 자꾸 미워지는데 내가 꾹 참았어요."

그러면 필자는 늘 이렇게 얘기한다.

"참지 마세요."

이 말은 "화내세요"가 아니다. 무슨 말인가?

"생각을 바꾸면 참을 일도 아닙니다. 이미 '내' 생각이 '참아야 된다'라고 판단하여 결론을 내려놨으니까 참는 거지, 아예 판단하지 않고 심판하지 않으면 참을 일도 없는 것입니다."

맞는 말이다. 아예 처음부터 판단하지 않으면 화낼 일 자체가 원천부터 없어지고 만다.

이와 관련하여 우리가 짚어볼 필요가 있는 것이 경직된 '노선'들 간의 극단적인 갈등이다. 본디 정당정치는 여러 노선을 전제로 한다. 성숙한 정치가 되기 위해서는 이를 인정하면서 '나'만 옳고 '너'는 틀렸다는 사고방식을 지양해야 한다. 정당정치는 한 사람, 한 그룹, 한 집단의 가치관을 대표할 따름이지 "이게 답이다" 하는 것이 아니기 때문이다. 독단도 안 되고, 독선도 안 된다. '나'만 옳은 것도 없고, '너'만 옳은 것도 없다. 모든 것은 한 부분일 따름이다. 다양한 사람들이 공존하면서 '차이'와 '다름'을 수용하며 같이 사는 것이다. 차이와 다름은 '틀림'이 아니기 때문이다. 그런데 우리는 차이와 다름을 "틀렸어"로 치부해 버리니까 자꾸 싸움이 일어난다. 그 대안으로 필요한 것은 상호간의 단죄가 아니라 합리적인 소통과 토론이다.

흔히 사람들은 지난날 사색당파 때문에 나라가 망했다고 얘기한다. 그런데 사실 우리는 정치 선진국이었다. 사색당파가 뭔가. 사색의 주장들이 서로가 붙어서 길고 짧은 것을 대봤다는 얘기다. 즉 토론을 했다는 말이다. 이것이 정치 선진국 아닌가.

신문을 보면서 "무슨 국회가 맨날 쌈박질만 하느냐"고 국회의원들을 못마땅해 하는 이들이 있다. 필자는 이 지적이 정확하지 않다고 본다. 비판을 하려면 제대로 해야 한다. 국회는 원래 '쌈박질'하는 곳이다. 문제는 입으로 쌈박질해야 하고, 논리로 쌈박질해야 되는데, 주먹으로 쌈박질하고, 감정으로 쌈박질하는 데 있는 것이다. 이를 지적해야 정치가 발전한다.

요지는 무엇인가? 어차피 부족한 통찰을 가지고 사는 것이 인간의 한계이니, 자신의 노선이나 기준을 절대시 하여 남을 심판하는 대신에 대화와 토론의 과정을 통하여 소통함으로써 서로를 풍요롭게 하는 접근법을 취해야 할 것이라는 말이다.

참고로, 그리스도교의 사고방식은 포괄적이다. 예수님은 전체를 품으셨다. 양극단을 품으셨다. 예수님은 혁명가면서 동시에 영성가셨다. 어느 한쪽만 선택하지 않으셨다. 그런 예수님으로 인해서 세상이 뒤집혔는가, 안 뒤집혔는가? 뒤집혔다! 그런 예수님께서 기도하셨는가, 안 하셨는가? 기도하셨다! 하나만 하신 분이 아니다. 그러니 어느 한 노선을 취하여 그 관점에서 다른 노선을 심판하는 것은 위험천만한 일이다.

뭉뚱그려 말하건대, 사랑에는 지혜가 깃들어야 한다. 그래야 잘못된 판단과 단죄로부터 자유로워진다.

둘, 사랑은 용서한다

사랑헌장이 명하는 사랑의 두 번째 실천명제는 "용서하라"는 것이다.

명명백백하게 누가 주장하지 않아도 이미 "저 사람이 잘못했다"라고 할 수 있는 때가 있다. 내가 단죄하고 판단하지 않아도 잘못한 일이 있을 수 있다.

예를 들어, 누가 내게 와서 다짜고짜 아무 이유 없이 나를 주먹으로 퍽 쳤다. 이건 명백한 잘못이다. 이런 일들은 사실 이따금 일어난다. 주님께서는 그런 경우에도 용서할 것을 명하신다. 사정이 있을 테니 용서하고 미움의 굴레에서 풀어주라는 것이다.

"사랑은 모든 것을 덮어 주고 모든 것을 믿으며 모든 것을 바라고 모든 것을 견디어 냅니다"(1코린 13,7).

그렇다면 용서는 누구를 위해서 하는가? 바로 '나' 자신을 위해서 한다. 우리 주변에는 용서에 서툰 사람들이 많이 있다. 그런데, 학교 다닐 때 특히 어떤 과목에서 시원찮았던 사람이 용서를 잘 못할까? 도덕? 아니다. 수학이다. 수학 점수가 별로 안 좋았던 사람이 용서를 못한다. 왜인가? 계산을 잘 못하기 때문이다.

계산을 해 보면, 용서가 남는 장사라는 게 딱 나온다. 어째서 그런가? 용서를 해야 '내' 마음이 편해지기 때문이다.

그러므로 용서가 쉽게 잘 안 될 때에 바로 점검 들어가야 한다.

"왜 내가 미움 때문에 잠을 못 자야 돼? 그 사람이 잠 못 자야 하는데 왜 내가 잠 못 자냐구? 난 잘 자야 해."

이처럼 잊어버리고 툭 털어버리는 게 상책이다.

용서는 흡사 도마뱀이 꼬리를 끊는 것과 같다. 오래 전 읽은 신앙 수기에서 나는 그 지혜를 발견했다. 부산에 살고 있는 어떤 젊은 자매님의 이야기였는데, 장애인이었던 그분의 언니가 돌아가시기 전 살면서 동생에게 가르쳐 준 말이 있었다.

한번은 동생이 사기를 당해서 "죽일 놈, 살릴 놈" 하며 매일 이불을 뒤집어쓰고 밥도 못 먹고 있었다. 그런데 언니가 그 모습을 보고 이렇게 말해 주었다는 것이다.

"너는 도마뱀만도 못한 년이다."

그리고 나서 언니는 이렇게 설명해 주었다.

"도마뱀은 꼬리가 밟히면 어떻게 하느냐? 꼬리를 딱 자르고 도망가지 않니? 그런데 너도 지금 미움에 꼬리가 밟힌 거잖아. 그렇다고 너 거기서 죽을 거야? 꼬리를 끊어버리고 도망가!"

이것이 바로 용서다.

보우그라는 마을에 본성이 착한 꼽추 우고린과 누이 소랑케가 함께 살고 있었다. 그러던 어느 날, 누이 소랑케가 도둑이라는 누명을 쓰고 투옥된다. 얼마 후 석방되었지만, 동생 우고린이 병석에 눕고 만다. 직장을 얻을 수 없던 그녀는 할 수 없이 몸을 팔아 동생의 약값을 댔다.

그런데 몰지각한 군중들이 우고린을 조롱하였다.

"네 누이의 연인들이 한 프랑씩을 각각 지불했다."

다행히 마을의 나이 많은 한 신부가 우고린을 구해 주었지만, 모멸감과 치욕을 참을 수 없던 우고린은 그다음 날 강에 뛰어들어 자살하였다. 이어 누이 소랑케도 총으로 자살하였다.

그들의 장례식 때 신부는 강단에서 이렇게 추도 설교를 하며 통곡하였다.

"이들은 자살한 것이 아니라 자비가 없는 사회에 의해 살해당한 것입니다. 기독교인들이여, 생사의 주관자이신 주님께서 심판하시는 날, 나에게 '내 양은 어디 있느냐'라고 물으신다면 나는 주님께 대답할 말이 없습니다. 그러나 주님께서 세 번째로 나에게 '네 양들은 어디 있느냐'라고 물으신다면 나는 부끄러움을 무릅쓰고, '그들은 양이 아니었습니다. 그들은 이리 떼였습니다'라고 답할 것입니다."

무섭지만 부인할 수 없는 진실이다. 용서할 줄 모르는 사람은 양들 곧 그리스도인이 아닌 것이다.

영국의 설교자 로이드 존스는 우리가 꼭 기억해야 할 '불편한 진실'을 만천하에 선언한다.

"여러분 속에 용서의 영이 없다는 것은 그분께 용서를 받아본 적이 없다는 말입니다. 이것은 엄숙하고 심각하며 무서운 일입니다. 결국 우리가 하느님께로부터 용서를 받았는가 못 받았는가의 여부는 다른 사람들을 용서하는가 안 하는가로 선언하는 셈인 것입니다. 그분께 용서를 받았다면 우리는 용서를 할 것입니다."[3]

이 얼마나 통쾌하고도 섬뜩한 역설인가! 용서하지 못하는 사람은 결국 '나는 아직 하느님으로부터 용서받지 못했어요!' 하고 고백하는 셈이라니.

셋, 사랑은 베푼다

사랑헌장은 세 번째로 '주어라'라고 명한다.

아낌없이 되로 주면 말로 받는다고 했다. 그런데 여기 심오한 법칙이 숨겨져 있다. 줄 때는 사람한테 주고 받을 때는 위로부터 받는 것이다. 사람한테 되받으려고 하는 것은 미련한 계산이다. 사람 손은 쬐끄맣다. 주님의 손은 굉장히 크다. 그러니 작은 손으로 받지 말고 큰 손으로 받을 것을 기대할 일이다.

굳이 이런 계산이 아니더라도 베푸는 것은 부메랑이 되어 자신에게 좋은 일이 된다.

전국시대 중산군中山君이라는 왕이 사대부들을 불러 잔치를 벌였다. 사마자기司馬子期라는 사람도 이때 초청을 받았다. 여러 음식을 즐긴 후, 양고기국을 먹을 차례가 되었는데, 마침 국물이 부족하여 사마자기에게는 몫이 돌아가지 않았다. 사마자기는 이를 불쾌히 생각하였고, 나아가 자신에 대한 모독으로 여겼다.

    결국 사마자기는 중산군을 버리고 이웃 초*나라로 넘어가, 초왕으로 하여금 중산군을 공격하게 하였다. 중산군은 목숨이 위태로운 상황에 처해 피신하는데 한 번도 본 적 없던 장정 두 사람이 창을 들고 중산군을 뒤따르며 보호해 주었다. 중산군이 그들에게 왜 자신을 지켜주는지 물었다.

    "저희 아버지가 살아 있을 때의 일입니다. 부친이 어느 날 배가 고파 쓰러져 있는데 왕께서 친히 찬밥 한 덩이를 주셨습니다. 그것으로 목숨을 건진 저희 부친은 돌아가실 때 이렇게 유언하였습니다. 만약 왕께 무슨 일이 생기거든 죽음으로 보답하라고 말입니다."

    중산군은 하늘을 보며 탄식하였다.

    "타인에게 베푼다는 것은 많고 적음이 문제가 아니구나. 상대방이 어려울 때 돕는 것이 중요한 것이구나. 타인에게 원한을 사는 이유는 크고 작은 것이 문제가 아니라 그의 마음을 상하게 하는 데에 있구나! 아, 내가 한 그릇의 양고기 국물로 나라를 잃었고 한 덩이의 찬밥으로 목숨을 구하였구나!"[4]

    성경 말씀 이상으로 감동적인 이야기다.

    베풀면 무엇이 되어 돌아올지 모른다. 베풀지 않으면 그 또한 무엇이 되어 돌아올지 모른다.

    베푸는 것은 꼭 무엇이 있어서 베푸는 것이 아니다. 사도 바오로는 말한다.

"기뻐하는 이들과 함께 기뻐하고 우는 이들과 함께 우십시오"(로마 12,15).

이 역시 베풂이다. 이 말씀과 함께 절로 떠오르는 분이 있다. 바로 마더 데레사다. 무슨 설명이 더 필요하겠는가.

"사람들은 종종 저를 오해합니다. 제가 가난한 이들을 사랑하기 때문에 이 일을 하고 있다고요. 하지만 아닙니다. 저는 예수님을 사랑하기 때문에 이 일을 하고 있습니다."[5]

이는 사도 바오로의 말씀과 같은 말이다. 마더 데레사는 한 걸음 더 나간 것이다.

"나는 그들 안에서 예수님을 봅니다. 나는 적선하여 베풀어주는 사람이 아닙니다. 나는 그분들을 예수님 모시듯이 모신 것입니다"라는 말이다.

필자의 주변에도 마더 데레사 못지않은 사랑의 사도들이 있다. 그 중 한 사람이 지금 볼리비아에서 원주민을 섬기고 있는 박 테오도라 수녀님이다. 이분과 필자가 알게 된 데는 다음과 같은 사연이 있다.

신학교 다닐 때 필자는 수녀님보다 한 학년 윗반이었는데 배우는 과목은 똑같았다. 수녀님은 필자의 노트를 자주 빌렸는데, 노트를 돌려줄 땐 꼭 빵을 사다 주셨다. 외부출입이 제한된 신학교에서 단체생활을 하는 이에게 빵은 제일 기다려지는 특별한 간식이나 마찬가지다. 그렇게 모종의 거래를 했던 사이였다. 그리고 나서도 수녀님은 필자와 영성적인 성향이 잘 맞아서 때 되면 꼬박꼬박 안부를 묻는 사이가 됐다. 그러던 어느 날 불쑥 수녀님이 말했다.

"제가 생각하기에 저의 수도생활은 너무 편한 것 같아요. 이제 제 나름의 진짜배기 수도생활을 하러 갑니다."

수녀님은 원래 까리따스 수녀원 소속이었는데, 몇 년간의 준비 끝에 제 2 수도생활을 하러 볼리비아로 떠났다. 흔히 '오지'라는 그곳에서 수녀님은 원주민들과 함께 생활하며 가끔 필자에게 편지를 보낸다. 그러면 필자는 많진 않지만 가끔 후원금을 보내드린다. 언젠가 그곳에서 날아온 편지 한 통을 독자들에게 소개한다.

"가난 서원을 하고 살아온 30여 년을 아무리 생각해 보아도 저는 돈이 없어서 굶거나 목마르거나 추위에 떨어본 적이 없습니다. 그런데 이곳에 와 살면서 세상에는 굶는 날이 밥 먹는 날보다 더 많고, 아무리 추운 겨울에도 뼈 속까지 스며드는 찬 기운을 막아줄 창문 하나 없는 거처에서 평생을 사는 이들이 너무도 많다는 것을 알게 되었습니다. 단순히 먹고 사는 것만을 위해서도 평생을 죽도록 일해야 하는 이들의 고단한 삶을 보면서 저에게는 거저 받은 은혜가 너무도 크고 많았다는 것을 가슴 절절이 깨닫게 되었지요. 〔…〕

'가야출파의 작은 진료소'가 문을 열고 첫 진료를 시작한 지 이제 세 달이 좀 넘었습니다. 날마다 필요한 것들을 생각지도 못한 방법으로 채워주시는 하느님의 놀라운 섭리와 사랑을 체험하면서 요즘은 꿈을 꾸고 있는 듯 행복한 날들을 보내고 있습니다. 〔…〕

귀가 들리지 않는데다 돌보는 이가 없어 뼈와 가죽만 남아서 늘 눈시울을 적시게 하는 시모나 할머니가 진료소에 오실 때마다 우유와 간식 외에도 당장에 필요한 것들을 함께 챙겨드리곤 하는데 그때마다 '마미따, 당신은

하늘이 보내준 나의 엄마입니다. 고맙습니다' 라고 인사를 합니다. 〔…〕

이 아름다움은 여러분들을 비롯한 오른손이 한 일 왼손이 모르게 소리 없이 도와준 이들의 몫이라 생각합니다. 그들이 언젠가 하늘 아버지 앞에 설 때, '너는 내가 목말랐을 때에 마실 것을 주었고, 굶주렸을 때에 먹을 것을 주었으며, 헐벗었을 때에 입을 것을 주었고, 나그네 되었을 때 따뜻이 돌보아 주었으니……' 하시며 주실 하늘의 상이라 여겨집니다. 〔…〕

어떤 일도 인간적인 욕심을 내어 해나가기보다는 하느님의 섭리를 신뢰하면서 들꽃 같은 사랑이 어우러져 하느님께 영광을 돌려드리는 아름다운 봉헌들을 이루어가고 싶습니다. 저는 다만 먹을 것, 입을 것, 머리 둘 곳을 걱정하지 않고 사는 것만으로도 감사할 수 있기에 이곳에서 사는 것이 행복합니다. 아무것도 쌓아 놓은 것이 없으면서도 걱정 없이 하늘을 나는 작은 새들처럼 하늘에 계신 아버지의 섭리에 신뢰하며, 주어진 일에 최선을 다하면서 기쁘고 겸손히 하루하루를 살아가려 합니다."

선교는 결국 사랑을 전하는 것이다.

사랑의
이름으로

    필자는 우리가 이웃에게 줄 수 있는 최상의 사랑은 다름 아닌 선교라고 생각한다. 선교는 자신이 이미 받은 사랑을 나누는 것이다.

    우리는 선교할 때 "예수님 잘 믿어서 천당 가세요" 하며 천당만 데려가는 예수님을 소개하지 않는다. 우리를 느낌이 있게 사랑하시는 예수님, 우리의 문제를 같이 아파하시는 예수님, 우리의 소원을 채워주시는 예수님, 그러면서 우리를 업그레이드 시켜주시는 예수님을 소개한다.

    그러기에 우리가 이웃을 도울 때 돈을 줄 수도 있고 먹을 것을 줄 수도 있지만, 사실 가장 큰 사랑은 예수님을 소개해 주는 것이다. "이 분을 사귀면 이 분께서 다 준다오" 하고 연결해 주는 것이다. 이것도 선교다.

    베드로 사도는 이렇게 말한다.

"우리로서는 보고 들은 것을 말하지 않을 수 없습니다"(사도 4,20).

이 말씀을 음미하며 자문자답을 해 본다.

우리는 그동안 무엇을 보았는가? 사랑.

우리는 여태 무엇을 들었는가? 사랑의 고백.

우리는 무엇을 말하지 않을 수 없는가? "예수께서 나를 사랑하신다!"(Jesus loves me!)

우리는 무엇을 전해야 하는가? "예수께서 당신을 사랑하십니다!"(Jesus loves you!)

선교사들의 수호성인 리지외의 성녀 데레사는 깊은 기도 속에서 이렇게 고백한다.

"교회에는 심장이 있고 심장에는 사랑이 불타고 있다는 것을 깨달았습니다. 오직 사랑만이 교회의 모든 지체를 움직이게 한다는 것, 사랑이 꺼질 경우에 이른다면 사도들은 복음을 더는 전하지 못할 것이고 순교자들은 피를 흘리려 들지 않으리라는 것을 알았습니다… 사랑은 모든 성소를 포함한다는 것, 사랑은 모든 때와 모든 것을 포함한다는 것… 즉 한 마디로 사랑은 영원하다는 것을 깨달았습니다… 제 성소를 마침내 찾았습니다. 제 성소는 사랑입니다. 그렇습니다. 저는 교회 안에서 제 자리를 찾았습니다…. 저의 어머니인 교회의 심장 안에서 사랑이 되겠습니다"(영혼의 노래 29,2).[6]

그리하여 성녀 소화 데레사는 오지의 선교사들 가슴에 사랑이 고갈되지 않도록 기도와 희생으로 사랑을 펌프질해 주었다.

선교가 바로 최상의 사랑이라면, 그 역으로 사랑이 최상의 선교이기도 하다.

브라질의 성자로 불렸던 미국 선교사 멜랜드 부부는 깊은 오지에서 폴리오 인디언과 평생을 사는 동안 '네 번' 이름이 바뀌었다고 한다.

인디언들은 처음에 멜랜드 부부를 '백인'이라고 불렀다. 이는 과거에 폴리오 인디언들을 괴롭혔던 백인을 증오에 차 부르던 명칭과 같은 것이었다.

그럼에도 멜랜드 부부는 의료 봉사를 통해 주민들의 목숨을 구하는 등 헌신적인 생활을 계속하였다. 그러자 인디언들은 그들 부부를 '존경하는 백인'으로 바꿔 부르기 시작했다.

10년 뒤에, 멜랜드 부부는 인디언의 언어를 그들과 조금도 다름없이 구사하게 되었고 생활도 그들의 풍습대로 살았다. 그러자 이번에는 '백인 인디언'이라고 불렀다.

그러던 어느 날, 한 인디언 소년이 부상을 당하여 멜랜드 부부가 그의 발을 씻어 주었다. 그 모습을 본 인디언들은 말하였다.

"백인이 인디언의 발을 씻어주는 모습을 본 적이 있는가? 이 사람들은 하늘이 보내준 이들이다."

그때부터 멜랜드 부부는 인디언들에게 '하느님의 사람'으로 불리었다고 한다.[7]

'사랑은 곧 선교'라는 등식이 드러나는 아름다운 이야기다.

이제 주님께서 우리에게 사랑의 절정으로 초대하신다.

"나는 너희를 더 이상 종이라고 부르지 않는다. 종은 주인이 하는 일을 모르기 때문이다. 나는 너희를 친구라고 불렀다. 내가 내 아버지에게서 들은 것을 너희에게 모두 알려 주었기 때문이다"(요한 15,15).

우리가 더 이상 '종의 영성'이 아니라 '친구의 영성'으로 나아갈 때, 우리의 영성은 진보하는 것이라 말할 수 있다.

주님과 '나' 사이가 이제 친구 사이, 동료 사이가 되면, 우리의 사랑은 바야흐로 차원이 달라진다.

"친구들을 위하여 목숨을 내놓는 것보다 더 큰 사랑은 없다"(요한 15,13).

목숨 내놓고 박해까지 받는 사랑이 진짜배기 사랑이다.

고행을 하던 한 수도자가 불만을 터뜨렸다.

"주님, 저를 사랑하신다면 제게 왜 이런 고통을 주십니까?"

이때 한 목소리가 들렸다.

"아들아, 네가 날 진정 사랑한다면 왜 고통을 달게 받지 못하느냐?"[8]

이 이야기는 요한 복음의 말씀과 똑같은 의미다. 사랑하지 않으니까 아직 고통을 알지 못하고 고통을 달게 받지 못하는 것이다.

우리도 마찬가지다. 주님을 사랑한다면 고통 따위는 달게 받을 수 있다.

신앙의 완성이 뭔가. 주님의 이름으로 박해도 받고 욕도 먹고 궂은일도 겪는 것! 특히 본당 활동 열심히 하며 복음 전할 때, 가정에서는 신앙을 이유로 어려움을 겪게 되거든 기뻐하고 춤추라. 비로소 그때 우리는, 주님께 "이만큼 저는 당신을 사랑합니다"라고 고백할 수 있다.

사랑에 관한 한 주님은 욕심이 크시다.

"나는 질투하는 신이다"(신명 5,9 참조).

우리가 자칫 주님의 사랑에서 한눈팔랴치면 금세 옆구리를 콕 찌르신다.

"나의 사랑아,

'처음에 지녔던 사랑'(묵시 2,4)을

다시 내게 다고.

나 너와 함께

'빈들로 나가 사랑을 속삭여주리라'(호세 2,16: 공동번역).

'너는 내 사랑이다'"(이사 43,4).

아멘!

에필로그

"하늘 나라는 밭에 숨겨진 보물과 같다. 그 보물을 발견한 사람은 그것을 다시 숨겨 두고서는 기뻐하며 돌아가서 가진 것을 다 팔아 그 밭을 산다"(마태 13,44).

우리가 빌려서 경작하고 있는 밭에는 많은 보물들이 묻혀 있다.

그 가운데 '믿음', '희망', '사랑'이야말로 가히 다이아몬드급이다. 그러니 일단 있는 것을 알았으니, 얼른 집으로 달려가서 가진 것을 다 팔아 "믿음 사자", "희망 사자", "사랑 사자" 하며 투자할 일이다. 확신하건대 여기에 '올인' 하면 그야말로 대박이다.

이 보물 앞에 그 어떤 경쟁대상이 없다.

"그러므로 이제 믿음과 희망과 사랑 이 세 가지는 계속됩니다. 그 가운데에서 으뜸은 사랑입니다"(1코린 13,13).

그러니 선택 자체가 무색해진다.

하지만 여전히 우리에게는 평계거리가 많다. "이래서 안 되고, 저래서 안 됩니다"라며 변명거리를 찾는 이들에게 주님께서는 다음과 같은 이야기로 영감을 주신다.

'살아 있는 성자'라 불리는 피에르 신부에게 어느 날 나이 든 한 사람이 찾아와 절망감을 토로하였다.

"눈이 멀어 더 이상 봉사를 할 수가 없습니다."

그러자 피에르 신부가 말하였다.

"말도 안 됩니다. 당신은 인생의 마지막 1분까지도 식기를 들고 오는 친구에게 미소를 지을 수 있을 것이고, 당신의 미소가 그날 하루 동안 친구가 해낼 몫의 일을 할 수 있게 돕는 거라면, 이미 당신은 봉사를 한 것입니다."[1]

이 엄숙한 초대 앞에 어떤 유보가 있으며, 어떤 유예가 있으랴.

마지막 1초까지 우리의 삼색三色 촛불은 타고 있어야 한다.

참고문헌

하나. 믿음의 기초

01 인터넷 홈페이지, 〈햇볕같은이야기〉, 3189호 참조
02 월간 〈행복한 동행〉, 2010년 1월 호 참조
03 인터넷 홈페이지, '데일리큐티 크로스 맵' 참조

셋. 믿음의 기도

01 필립 얀시, 『기도』, 청림출판
02 마크 헤링쇼 · 제니퍼 슈츠먼, 『하나님은 뻔뻔한 기도에 응답하신다』, 살림 참조
03 카렌 바넷 글, 〈가이드 포스트〉, 2010년 3월 호 참조
04 필립 얀시, 『기도』, 청림출판 참조

넷. 믿음의 성장

01 토마스 슈피드릭, 『마음으로 드리는 기도』, 성바오로

하나. 희망의 기초

01 송재영, 『감자를 맛있게 먹는 방법』, 올리브북스 참조
02 정휘찬, 『미래를 밝히는 생각램프』, 미네르바 참조
03 김중겸 현대건설 사장, 〈중앙일보〉, 2010년 6월 5일자

04 '김창룡 교수가 보는 성공실패학', 〈기호일보〉, 2010년 5월 16일자

둘. 희망의 사람들

01 잭 캔필드 · 마크 빅터 한센, 『꿈을 도둑맞은 사람들에게』, 현재 참조

셋. 희망의 기도

01 필립 얀시, 『기도』, 청림출판
02 필립 얀시, 『기도』, 청림출판
03 토마스 슈피드릭, 『마음으로 드리는 기도』, 성바오로
04 월간 〈행복한 동행〉, 2006년 8월 호 참조
05 월간 〈좋은생각〉 참조
06 앨빈 밴더그린, 『가장 즐거운 기도』, 이레닷컴
07 이인호, 『기도의 전성기를 경험하라』, 생명의말씀사 참조
08 이인호, 『기도의 전성기를 경험하라』, 생명의말씀사
09 한 홍, 『기도, 하늘의 능력을 다운로드하라』, 생명의말씀사

넷. 희망의 성장

01 필립 얀시, 『기도』, 청림출판 참조
02 이경용, 『말씀묵상기도』, 스텝스톤 참조

03 마크 헤링쇼 · 제니퍼 슈츠먼, 『하나님은 뻔뻔한 기도에 응답하신다』, 살림

04 토마스 슈피드릭, 『마음으로 드리는 기도』, 성바오로

05 앨빈 밴더그린, 『가장 즐거운 기도』, 이레 닷컴

06 필립 얀시, 『기도』, 청림출판

07 김동문, 『야, 그것도 감사해라』, 쿰란출판사 참조

하나. 사랑의 기초

01 스테파노 M. 마넬리, 『성체성사에서 만나는 예수님 사랑』, 가톨릭출판사 참조

02 에마 봄베크 글 참조

03 어너 북스, 『새로운 출발을 위한 하나님의 선물』, 엔시디 참조

셋. 사랑의 기도

01 〈가톨릭신문〉, 2010년 7월 25일자

02 〈연합뉴스〉, 2001년 10월 3일자 참조

03 R.A. 토레이, 『이렇게 기도하자』, 생명의 말씀사 참조

04 앤드류 마리아, 『지혜의 발자취』, 성바오로 참조

05 베르나르 노데 신부 해설, 자비에 마퓌 편집, 『아르스의 본당 신부. 그의 생각- 그의 마음』 참조

06 송봉모, 『일상도를 살아가는 인간』, 성바오로딸수도회

07 토마스 슈피드릭, 『마음으로 드리는 기도』, 성바오로 참조

넷. 사랑의 성장

01 조현, 『성공하는 사람들의 7가지 황금법칙』, 미네르바 참조

02 김천일, 『나의 친구를 위한 기도』, 청우 참조

03 피에르 판 파센, 『우리들의 날』 참조

04 유향(劉向), 『전국책(戰國策)』 참조

05 송봉모, 『세상 한복판에서 그분과 함께』, 바오로딸

06 박재만, 『영성의 대가들』하, 가톨릭신문사 참조

07 〈리더스 라이프〉, 2000년 5-6월 호 참조

08 앤드류 마리아, 『지혜의 발자취』, 성바오로 참조

에필로그

01 아베 피에르, 『피에르 신부의 유언』, 웅진지식하우스 참조